共同富裕视野下的中国科技创新

陈 劲 著

人民出版社

责任编辑：贺　畅
文字编辑：刘　今
封面设计：汪　莹

图书在版编目（CIP）数据

共同富裕视野下的中国科技创新 / 陈劲著 . —北京：
　人民出版社，2023.11
ISBN 978 - 7 - 01 - 025851 - 5

I. ①共… II. ①陈… III. ①共同富裕 – 研究 – 中国
　②技术革新 – 研究 – 中国　IV. ① F124

中国国家版本馆 CIP 数据核字（2023）第 187991 号

共同富裕视野下的中国科技创新

GONGTONG FUYU SHIYE XIA DE ZHONGGUO KEJI CHUANGXIN

陈　劲　著

人 民 出 版 社 出版发行

（100706　北京市东城区隆福寺街 99 号）

中煤（北京）印务有限公司印刷　新华书店经销

2023 年 11 月第 1 版　2023 年 11 月北京第 1 次印刷
开本：710 毫米 × 1000 毫米 1/16　印张：16.5
字数：172 千字

ISBN 978 - 7 - 01 - 025851 - 5　　定价：97.00 元

邮购地址 100706　北京市东城区隆福寺街 99 号
人民东方图书销售中心　电话（010）65250042　65289539

目录

1

政策举措篇·共同富裕视野下的中国科技创新政策

序　言

党的二十大报告明确指出，"高质量发展是全面建设社会主义现代化国家的首要任务"，"从现在起，中国共产党的中心任务就是团结带领全国各族人民全面建成社会主义现代化强国、实现第二个百年奋斗目标，以中国式现代化全面推进中华民族伟大复兴"。

中国式现代化不同于西方发达国家的现代化。中国式现代化既具有现代化建设规律的普遍性，又具有基于中国国情的特殊性。这种特殊性主要体现在，中国式现代化是人口规模巨大的现代化、全体人民共同富裕的现代化、物质文明和精神文明相协调的现代化、人与自然和谐共生的现代化、走和平发展道路的现代化。追求共同富裕不仅是古代孔孟哲人的理想追求，更是中国共产党人矢志不渝的理想追求。在共同富裕视野下，寻求契合于共同富裕宏观目标的中国科技创新战略、科技创新体系以及科技创新范式，成为创新管理研究者共同的研究议题。

本书将共同富裕视野下的中国科技创新战略分为三大篇章——思想基础篇、创新范式篇、政策举措篇。首先，本书回顾了马克思主义政治经济学、中国特色社会主义政治经济学、经济社会学和创新经济学等多重视角对共同富裕的理论解读，分析了不同视角对共同富裕的理论解构、实现过程、聚焦点存在的差异。其次，本书创新性地提出了共同富裕与科技创新的内在逻辑关系，认为科技创新能够从经济结构变迁、资源配置、技术进步以及人与社会的全面发展等多重视角，改变经济增长框架、资源配置方式、技术进步效率以及人与社会的幸福感等，从而支撑全体人民共同富裕。

本书的鲜明特色是阐述了共同富裕视野下的后熊彼特创新范式，认为共同富裕视野下的中国科技创新范式选择需要迈向后熊彼特时代的新范式。自熊彼特提出创新的基本概念与内涵以来，科技创新活动长期局限于企业家视野下的创新战略与创新价值获取，所遵循的基本逻辑是企业家对不确定性的容忍以及创新创业精神。相应地，科技创新也局限于企业家的商业场域、科学家的个体学术场域和精英个体的私人场域，在一定程度上割裂了个体与社会、商业与社会以及企业与国家之间的多重连接关系。在共同富裕视野下，支撑共同富裕实现的中国科技创新范式需要立足于以人为中心的核心逻辑，推动将"政府—企业—社会"三重主体纳入科技创新主体范畴，以政府公共创新打造创新公地、以企业社会责任创新重新定义市场与社会，以及以人民创新放大用户的价值创造空间，进而系统性地迈向后熊彼特主义下的科技创新范式。

本书的完稿工作得到了中国社会科学院工业经济研究所助理研究员阳镇的大力支持，教育部人文社会科学重点研究基地清华大学技术创新研究中心的研究人员、博士后、博士研究生在资料收集与整理、部分文稿写作讨论等方面作出了贡献，包括朱子钦、李振东、刘畅、王璐瑶、韩令晖、李佳雪、范昭瑞、张月遥、国容毓、钱凌潇、谢雨轩等，在此致以感谢。同时，感谢清华大学技术创新研究中心杨智慧等老师为本书完稿所做的相关工作。

展望未来，中国科技创新将在坚持面向世界科技前沿、面向经济主战场、面向国家重大需求、面向人民生命健康的基础上，以共同富裕为新的重大目标，积极探索"党的领导、政府有为、市场有效、人民参与"的新型科技治理模式和国家创新系统，必将形成更具社会主义特色的创新理论系统，产出高水平创新成果，为人类文明发展作出新的更大贡献。

2023 年 5 月

思想基础篇·共同富裕的思想渊源

第一章　共同富裕的思想基础

学界对共同富裕的解读存在多种理论视角，主要包括马克思主义政治经济学视角、中国特色社会主义政治经济学视角、经济社会学视角以及创新经济学视角等。不同理论视角对共同富裕的理论解构、实现过程和聚焦点的研究存在较大程度的差异。

第一节　马克思主义政治经济学视野下的共同富裕思想

虽然马克思和恩格斯并未直接地使用"共同富裕"这一概念，也从未专门撰文论述"共同富裕"及其实现路径，但是马克思主义政治经济学中却蕴含着丰富而深刻的共同富裕思想。马克思恩格斯共同富裕思想是马克思主义理论的重要内容，贯穿于马克思主义哲学、政治经济学和科学社会主义三个基本组成部分。首先，马克思恩格斯共同富裕思想生成于唯物史观这一世界观、方法论的基础上。其次，马克思恩格斯共同富裕思想生成于对资本主义积累下的贫富两极分化的政治经济学批判中。最后，马克思恩格斯共同富裕思想生成于对科学社会主义本质特征的科学预见里。

一、马克思恩格斯共同富裕思想的主要来源

马克思主义思想的创立与西欧空想社会主义思想密不可分。恩格斯曾明确指出，"德国的理论上的社会主义永远不会忘记，它是依靠圣西门、傅立叶和欧文这三位思想家而确立起来的"①。实质上，最原始的共同富裕思想是在空想社会主义的一系列思想中得到体现的。

16世纪到19世纪上半叶，西欧空想社会主义者提出，要建立一个人人劳动、财产公有以及没有剥削压迫的理想社会，未来社会应是生产资料公有制，人人享有发展以及拥有财富的权利。共同富裕中的分配制度便来源于空想社会主义的系列思想。文艺复兴时期，托马斯·莫尔（St. Thomas More）在《乌托邦》（*Utopia*）一书中，描绘了一个社会生产力高度发达、产品高度丰富以及社会财富实现公有制的乌托邦社会，揭露并批判了当时英国政治与社会的黑暗腐败以及资本主义社会的剥削。莫尔所描绘的乌托邦社会，是一个社会财富分配制度趋向于公有制的社会主义社会——这与资本主义下的私有制社会形成鲜明对比。他认为，私有制是产品与财富分配不公的根源。遗憾的是，莫尔在描绘乌托邦社会时假定社会是一个封闭体，即公有制的实现需要在封闭的小国环境下进行，人口数量与人口结构处于相对静止状态，经济也处于静止的循环中。而这一假定与现实的国家发展状况完全不符，从而导致乌托邦式理想社会难以成为现实。但是，莫尔的《乌托邦》体现出的以人民

---

① 《马克思恩格斯选集》第2卷，人民出版社1972年版，第300—301页。

为中心的思想以及社会生产资料公有的制度设想，对于共同富裕思想的形成具有极大的参考借鉴价值。同时，他表现出的具有普世价值的人类人本意义与人文关怀，在5世纪的欧洲是非常难能可贵的。尤其是莫尔的乌托邦思想并没有反对财富占有，而是主张通过劳动创造财富，注重劳动价值，但最终财富的分配应建立在生产资料公有制下分配公平的基础上，即全体人民都要过上富裕生活，而非少数人才能过上富裕生活。

马克思恩格斯共同富裕思想的主要来源之一，是意大利空想社会主义学家托马索·康帕内拉（Tommaso Campanella）在其经典作品——《太阳城》（*The City of the Sun*）中的相关论述。康帕内拉认为：只有废除资本主义私有制而实行公有制，才能实现公社组织下的社会生产以及人人拥有平等的财富；在公有制的基础上，整个社会的物质财富不属于私人，也就不存在基于财富占有的阶级差别，人人享有平等发展的权利，社会不存在阶级剥削与阶级压迫，物质服务于人类，而非人类服务于物质社会。同时，康帕内拉还认为：劳动是社会生产发展的重要源泉，生产力的发展建立在劳动的基础上；共同富裕的社会前提是普遍的义务劳动制度，即人人在限定时间内从事相关劳动工作，自觉服从劳动分配与分工，参加社会生产和劳动；劳动分工基于性别和体能等，劳动对象一律平等，劳动内容无贵贱之分，劳动效率最高的人受到社会的尊重、具有更强的获得感。在教育制度方面，康帕内拉认为，社会进步依赖于培养具有高尚情操的公民的义务教育，即理想国家的建立与稳固来自高素质情操的优秀人物担任领导职务，每个公民在义务教育体系的培养下德才兼备。从这个意义上讲，康帕内拉超越了莫尔的乌托邦思想，认识到了教育与现代科学技术对于生产率提高与社会生产力发展的重要价值；而莫尔的乌托邦仅停留在小国寡民的分配平均主义的层面上，忽视了生产力发展的潜在支撑条件，即需要通过发展科学技术、建设国民教育体系来丰富整个国民的科技知识、提升其道德素质，进而提升整个国家的经济潜力，为共同富裕创造更好的物质基础和生产力基础。

19世纪早期，西欧空想社会主义思想进入鼎盛时期，此时的代表人物主要是克劳德·圣西门（Claude Saint-Simon）、夏尔·傅立叶（Charles Fourier）和罗伯特·欧文（Robert Owen）。这一时期的空想社会主义思想主要是：针对当时欧洲工业革命背景下资本家压榨剥削工人的丑恶社会现实，将思想斗争矛头直接指向资产阶级，揭露资产阶级剥削劳动的本质，认为社会主义社会是未来高度发达的社会形态——包括物质生产力高度发达和精神文化高度发达。其中，圣西门主张劳动是创造社会财富的必要源泉且主要基于分工原则进行劳动分配，认为应采取多劳多得的按劳分配制度，并提出了社会主义社会下实现共同富裕的分配制度思想的雏形；欧文主张按需分配，提出了"合作公社"的思想，认为实行公有制是实现社会主义社会的必由之路。

二、马克思恩格斯的共同富裕思想

马克思和恩格斯把一生都奉献在解放全人类的伟大事业中，提出了唯物史观与剩余价值学说，旗帜鲜明地揭示了资本主义必然走向灭亡、社会主义社会终将建立的历史趋势，阐明了人类社会发展的客观规律——资本主义社会必将向社会主义社会转变并最终迈向共产主义社会。马克思和恩格斯描述了共同富裕社会的基本特征，即生产力高度发达、按需分配个人消费、人实现全面而自由的发展等。总体而言，马克思和恩格斯在思想内涵上对共同富裕的基本实现规律和客观状态进行了一般化描述：在共同富裕社会中，全体社会成员实现充分自由的发展，进入摆脱贫困的社会收入分配状态，且社会不存在严重的两极分化问题，不会因为分配制度的不公导致社会矛盾。从这个意义上讲，共同富裕是一种消灭剥削、消除两极分化、整体摆脱贫困的社会状态。

在实现共同富裕的制度保障层面，马克思和恩格斯提出将生产资料公有制作为根本经济制度。马克思阐释了资本主义积累的一般规律，认为资本主义下的剩余价值必将导致阶级严重分化，且这种分化难以扭转，生产资料私有制导致对社会财富的个体占有程度越来越高、贫富差距越来越大，最终导致资本主义灭亡。马克思认为，资本主义生产方式下产生的私有制带来的剥削与压迫才是导致资本主义社会两极分化的根本原因，也是阶级社会的共性。恩格斯在《反杜林论》中指出，"生产资料由社会占有……通过社会化生产，不仅可能保证一切社会成员有富足的和一天比一天充裕的物质生活，而且还可能保证他们的体力和智力获得充分的自由的发展和运用……"[1]。根据马克思和恩格斯的观点，实现社会主义社会下的共同富裕必然要建立公有制，公有制下的劳动分配制度是按劳分配制度，意味着整个社会全体人民享有社会财富，社会中的劳动者共同使

---

[1] 《马克思恩格斯选集》第 3 卷，人民出版社 1975 年版，第 670 页。

用公有的生产资料进行社会化大生产，所生产的社会总产品中的一部分作为生产资料重新投入生产，剩余部分作为生活资料供社会中的劳动者消费。不可否认，私有制对社会生产力的发展具有一定的进步意义，但是在分配制度体系上难以实现共同富裕。因此，我国必须坚持生产资料公有制基础上的按劳分配原则，按劳分配是生产资料公有制与全体人民享有社会财富的必要保证。

在人的发展方面，马克思和恩格斯认为共同富裕是人实现全面而自由的发展。人实现全面而自由的发展，意味着在生产资料与劳动者直接结合来增加社会生产总量即社会财富的过程中，每个人的切实需求得到保障，即创造出的社会财富能够充分被全体社会成员共享。恩格斯强调："通过消除旧的分工，通过产业教育、变换工种、所有人共同享受大家创造出来的福利，通过城乡的融合，使社会全体成员的才能得到全面发展。"[①] 从这个意义上，人实现全面而自由的发展不仅体现在个体拥有的生产资料上，而且体现在应用生产资料创造的社会生产力与社会财富成果上，人人能够拥有社会总体福利——包括城市与乡村的融合发展、工业与农业的融合发展，人人获得在不同生产分工环节充分转换职业的自由，以及不同职业下发展的权利。在这个意义上，共同富裕的落脚点依然是"人"本身，即人的发展状态，在生产力高度发达的基础上，人人拥有自由支配时间的权利。在唯物史观的辩证法下，人实现全面而自由的发展构成了共同富裕实现的现实基础。

---

① 《马克思恩格斯选集》第1卷，人民出版社2012年版，第308—309页。

在共同富裕实现的过程中，生产力高度发达是共同富裕实现的充分必要条件。相应地，马克思和恩格斯也探索了实现社会生产力高度发达的必要手段。马克思和恩格斯认为，只有生产力的发展才能真正实现生产关系的变革，才是实现制度现代化的基础。因此，马克思比同时代的学者更为注重生产力的发展。恩格斯认为，"自从蒸汽和新的工具机把旧的工场手工业变成大工业以后，在资产阶级领导下造成的生产力，就以前所未闻的速度和前所未闻的规模发展起来了"[①]。在这个意义上，马克思和恩格斯强调需要通过现代化实现共同富裕。其中，现代化并不是单一的农业现代化，而是更具生产效率的工业现代化。工业现代化的实现依赖于全新的社会组织：在全新的社会制度下，一切生活必需品都将生产得很多，使得每个社会成员都能完全自由地发展和发挥其全部力量和才能。在现代化的核心进程中，大工业生产是实现社会生产现代化的重要制度基础和生产组织方式，即现代的生产力高度发达依然需要建立在大工业生产体系的基础上，但是要对传统资本主义下的大工业生产方式进行革命性变革，即破除旧有的资本主义工业生产体系下的垄断与资本剥削，让工业生产创造的社会财富真正归人民所有，即在生产资料公有制的基础上最大限度地提高财富创造效率。

---

① 《马克思恩格斯全集》第 25 卷，人民出版社 2001 年版，第 396 页。

第二节 中国特色社会主义政治经济学 视野下的共同富裕思想

在马克思恩格斯共同富裕思想的基础上，中国将共同富裕思想运用于社会主义建设的伟大实践中，中国共产党领导下的各项事业均体现了共同富裕的基本思想。中国共产党第十九届中央委员会第五次全体会议审议通过的《中共中央关于制定国民经济和社会发展第十四个五年规划和二〇三五年远景目标的建议》中明确指出，在 2035 年基本实现社会主义现代化远景目标的同时，促进"全体人民共同富裕取得更为明显的实质性进展"，"扎实推动共同富裕"。共同富裕是社会主义的本质要求，是中国式现代化的重要特征，是建设社会主义现代化强国的重要内容，是实现中华民族伟大复兴的必由之路。中国特色社会主义现代化建设与共同富裕相辅相成，统一于社会主义现代化建设中。中国特色社会主义政治经济学视野下，以毛泽东、邓小平、江泽民、胡锦涛为主要代表的中国共产党人对共同富裕的科学内涵进行了探索与实践。在此基础上，以习近平同志为核心的党中央领导集体对共同富裕的科学内涵作了更进一步的探索与实践，为扎实推动共同富裕提供了科学指引和根本遵循。

一、毛泽东对共同富裕的探索与实践

从中华人民共和国成立到新中国进入社会主义社会的过渡时期（1949—1956 年），我国社会的性质是过渡性社会形

态——新民主主义社会。这一历史阶段的快速转变及其基本理论和实践经验，是毛泽东对马克思主义中国化的伟大创新贡献。新中国成立初期，土地改革与工业化建设是实现共同富裕的重要前提。

1947年，毛泽东在《目前形势和我们的任务》报告中阐述了新民主主义革命时期的基本经济纲领，"没收封建阶级的土地归农民所有，没收蒋介石、宋子文、孔祥熙、陈立夫为首的垄断资本归新民主主义的国家所有，保护民族工商业"[1]，并指出"土地制度的彻底改革，是现阶段中国革命的一项基本任务"[2]。土地改革的胜利，彻底消灭了封建土地所有制，促进了农业生产的发展，进一步巩固了工农联盟和人民民主专政，为国家财政经济的根本好转和农业的社会主义改造奠定了坚实基础。

按照马克思与恩格斯的理论，共同富裕的实现必须建立在机器大生产的基础上，要经过从农业大国迈向工业大国与工业强国的道路征程。新中国成立初期，中国仍处于积贫积弱的农业社会状态，社会生产力建立在手工劳作与手工作坊的基础上，真正意义上的机器大生产完全匮乏。为了迅速恢复和发展生产力，使我国从落后的农业国变成现代化的社会主义工业国，党和国家制定了从新民主主义社会向社会主义过渡的总路线——"一化三改"。其中："一化"是逐步完成社会主义工业化；"三改"是逐步实现农业、手工业和资本主义工商业的社会主义改造。

---

① 《毛泽东选集》第四卷，人民出版社 1991 年版，第 1253 页。
② 《毛泽东选集》第四卷，人民出版社 1991 年版，第 1252 页。

（一）"一化"

毛泽东提出通过三个五年计划实现社会主义工业化，即第一个五年计划（1953—1957年）、第二个五年计划（1958—1962年）和第三个五年计划（1966—1970年）。在第一个五年计划的实施期间，中国完成了以苏联帮助我国设计的156个建设项目为中心的、由限额以上的694个建设项目组成的工业建设。然而，第二个五年计划和第三个五年计划的实施受制于当时的政治环境而未取得良好成效：第二个五年计划的实施围绕人民公社化运动展开，片面发展导致经济结构失调，出现"三年经济困难时期"；在第三个五年计划的实施期间，整个经济建设的战略任务受"文化大革命"的影响而陷入停滞状态。但是，通过实施三个五年计划，我国基本建设成为一个完整的社会主义工业国家，具备了独立意义上的、基本完整的工业体系，能够依靠本国的人力、物力和财力实现自力更生，且重工业与农业的比例关系基本稳定，生产力得到了全面发展。

（二）"三改"

1953—1956年，我国花了4年时间实现了对农业、手工业和资本主义工商业的社会主义改造，基本上确立了社会主义制度。其中，农业社会主义改造指农业合作化运动，即在人民民主专政条件下，通过合作化道路，把小农经济逐步改造成为社会主义集体经济。1953年，由毛泽东亲自主持起草的《中共中央关于发展农业生产合作社的决议》向全国公布。文件指出，要"逐步实行农业的社会主义改造……并使农民能够逐步完全摆脱贫困的状况而取得共同富裕和普遍繁荣的生活"①。这是在党的重要文件中第一次出现"共同富裕"。1955年，毛泽东在《关于农业合作化和资本主义工商业改造的关系问题》中指出，"使农民群众共同富裕起来，穷的要富裕，所有农民都要富裕，并且富裕的程度要大大地超过现在的富裕农民"②。农民实现共同富裕是衡量共同富裕的核心指标。这意味着中国特色社会主义现代化建设进程一开始便把共同富裕与农民紧紧地联系在一起。通过农业社会化改造，分散的小农经济以合作社的形式被集中起来，真正解放了农村的劳动生产力，已获得土地的农民在农耕完成后得以进入工业化大生产中，进而实现农业与工业协同共进。

在毛泽东系列思想与政策路线的指引下，我国通过全面的社会主义改造与工业化建设，基本实现了生产资料私有制转变为社会主义公有制，结束了存在于中国两千多年的阶级剥削制度，初步建立了社会主义的基本制度，社会生产力得到极大提高，全体人民的物质生活水平得到有效改善。这些为共同富裕的深化推进奠定了基本的制度基础。

总之，以毛泽东为主要代表的中国共产党人在探索实现共同富裕的征程中坚持走社会主义道路，认为社会主义制度是实现共同富裕的制度基石，社会主义制度的优越性在于集中力量办大事，主张通过大力发展生产力促进工业化建设——这是实

---

① 中共中央文献研究室编：《建国以来重要文献选编》第四册，中央文献出版社1993年版，第662页。

② 中共中央文献研究室编：《建国以来重要文献选编》第七册，中央文献出版社1993年版，第308页。

现共同富裕的必然选择。在工业发展战略上，将优先发展重工业作为实现社会主义工业化的战略选择。在工业部门比例搭配上选择优先发展重工业，并不代表放弃农业和轻工业的发展，在过渡时期总路线中还强调了逐步实现对农业、手工业和资本主义工商业的改造。社会主义工业化和"三大改造"是一体与两翼的关系："三大改造"是为了更好地服务于社会主义工业化，适应社会主义工业化发展的要求，为社会主义工业化的实现提供必要的原料、粮食以及资金。

二、邓小平对共同富裕的探索与实践

邓小平继承了毛泽东关于共同富裕的合理实践与探索，并吸取了工业化建设时期以及"文化大革命"的深刻教训，通过改革开放使共同富裕思想与实践走上了新征程。在 1978 年底召开的中央工作会议上，邓小平作了题为《解放思想，实事求是，团结一致向前看》的重要讲话。邓小平指出："在经济政策上，我认为要允许一部分地区、一部分企业、一部分工人农民，由于辛勤努力成绩大而收入先多一些，生活先好起来。一部分人生活先好起来，就必然产生极大的示范力量，影响左邻右舍，带动其他地区、其他单位的人们向他们学习。这样，就会使整个国民经济不断地波浪式地向前发展，使全国各族人民都能比较快地富裕起来。"[①]1980 年 1 月，邓小平提出分"两步走"达到"小康水平"的战略构想，提出"小康社会"的初步构想。所谓小康，从国民生产总值来说，就是年人均达到八百

---

① 《邓小平文选》第二卷，人民出版社 1994 年版，第 152 页。

美元。1987年党的十三大召开，邓小平系统提出了社会主义的初级阶段理论，发展了毛泽东的"两步走"战略，提出通过"三步走"发展战略部署来实现中华民族的伟大复兴，基本实现现代化。"三步走"发展战略主要是确立三大发展阶段：第一大阶段，解决人民温饱问题；第二大阶段，达到小康水平；第三大阶段，达到中等发达国家水平，走向共同富裕。

步入20世纪90年代，我国改革开放总体进程进入了深化发展阶段。随着改革开放各项制度变革的加速深化以及改革开放后经济建设成就的不断显现，整个社会阶层以及收入分布产生了较大程度的变化，尤其是通过确立经济特区、沿海开放城市的改革开放发展战略，部分地区的部分人民已实现富裕，一大批民营企业如雨后春笋般涌起，出现了大量的先富企业和先富阶层，收入差距呈不断扩大趋势，社会上对共同富裕存在怀疑心态。1992年邓小平在南方谈话中完整地概括了社会主义本质："社会主义的本质，是解放生产力，发展生产力，消灭剥削，消除两极分化，最终达到共同富裕。"[1]他进一步对改革开放过程中的复杂矛盾提出了应对的战略方案，提出社会主义本质是实现生产力的高度发展，而共同富裕的实现以生产力的高度发达为基础。可见，邓小平的社会主义本质论将共同富裕与社会主义建设紧密相连，在一定程度上破除了当时对改革开放政策的质疑。

在实现共同富裕的进程阶段方面，1987年邓小平首次对"三步走"发展战略目标进行了全面而系统的论述："我们原

---

[1] 《邓小平文选》第三卷，人民出版社1993年版，第373页。

定的目标是，第一步在八十年代翻一番。以一九八〇年为基数，当时国民生产总值人均只有二百五十美元，翻一番，达到五百美元。第二步是到本世纪末，再翻一番，人均达到一千美元。实现这个目标意味着我们进入小康社会，把贫困的中国变成小康的中国。那时国民生产总值超过一万亿美元，虽然人均数还很低，但是国家的力量有很大增加。我们制定的目标更重要的还是第三步，在下世纪用三十年到五十年再翻两番，大体上达到人均四千美元。做到这一步，中国就达到中等发达的水平。"① 从这个意义上，"三步走"发展战略向中国人民宣示了共同富裕进程的战略路线图与时间表，也为中华民族的伟大复兴指明了基本方向与目标，为社会主义现代化建设提供了基本方向遵循。

在共同富裕的实施推进方面，地区发展不平衡问题是共同富裕推进过程中的重要障碍。1988年，针对我国区域发展不平衡带来的贫富不均问题，邓小平提出了"两个大局"战略思想：沿海地区通过对外开放加快发展，发展到一定程度时，带动、扶持内地的发展。"两个大局"的提出，既立足现实，又面向未来，对促进东西部地区经济合理布局和协调发展、实现共同富裕具有重要意义。1990年，邓小平指出，"现在，沿海地区先发展起来了，发展到一定程度，就要注意内地的发展，否则社会稳定不了……中国搞资本主义行不通，只有搞社会主义，实现共同富裕，社会才能稳定，才能发展"②。邓小平对于

---

① 《邓小平文选》第三卷，人民出版社1993年版，第226页。
② 中共中央文献研究室编，冷溶、汪作玲主编：《邓小平年谱（1975—1997）》下卷，中央文献出版社2004年版，第131页。

不同区域实现共同富裕的战略构想主要是鼓励一部分地区先富起来，即通过先富带后富的区域发展溢出效应实现共同富裕，因此区域之间是循序渐进的共同富裕，而非一蹴而就式的区域共同富裕。邓小平的区域发展思想是区域协调发展战略思想的萌芽，共同富裕的深化推进依赖于通过解决地区发展不平衡问题缩小地区发展差距，最后整体上实现各地区的共同富裕。

总体而言，邓小平对共同富裕的贡献主要是提出了大力发展生产力是实现共同富裕的前提条件，尤其是 1992 年南方谈话中的社会主义本质论旗帜鲜明地指出了共同富裕是解放生产力、发展生产力、消灭剥削与消除两极分化后的必然状态，也是社会主义的本质。可以说，邓小平从生产力与生产关系的视角为解释共同富裕的实现提供了理论遵循，即共同富裕需要生产力大力发展且高度发达，而在生产关系层面则是需要建立充满生机和活力的社会主义经济制度。促进生产力发展，即通过改革开放变革生产力与生产关系，一方面实行"以公有制为主体，多种所有制并存"的基本经济制度，促进了生产力的发展；另一方面实行"按劳分配为主体，多种分配方式并存"的分配制度，进一步解放生产力。尤其是在生产关系层面，通过分配制度改革破除资本主义社会私有制下的分配制度体系，"消灭剥削，消除两极分化"，进而全体人民共享生产力发展带来的财富成果。邓小平对在生产关系中推进共同富裕的思想的特殊之处在于，主张我国社会主义尚处于初级阶段，在生产力没有实现高度发展的情况下，允许一定时期与一定范围内的收入差距，且两极分化现象客观存在，实现共同富裕下的生产关系与生产力相互适应是一个动态过程。此外，邓小平还设定了实现共同富裕的战略路线图，提出了"三步走"基本实现我国社会主义现代化的战略构想，通过解决人民温饱问题—达到小康水平—达到中等发达国家水平，走向共同富裕，并针对地区发展不平衡问题，提出要先富地区带动后富地区、先富起来的人带动后富起来的人，地区之间的共同富裕需要经历一个动态过程。

三、江泽民对共同富裕的探索与实践

步入 20 世纪 90 年代末期，随着世界多极化趋势逐步强化以及世界经济一体化和全球化趋势不断深化，我国改革开放的历史进程步入全新的国际关系与竞争格局中。随着改革开放的不断深化，整个社会经济发展过程中的主要经济成分、利益关系与主要分配方式日益多样。中国共产党在探索实现共同富裕的征程中面临一系列的新形势、新问题和新任务。以江泽民为主要代表的中国共产党人提出了"三个代表"重要思想。在党的十六大报告中，江泽民在强调贯彻"三个代表"重要思想时指出："制定和贯彻党的方针政策，基本着眼点是要代表最广大人民的根本利益，正确反映和兼顾不同方面群众的利益，使全体人民朝着共同富裕的方向稳步前进。"[①]

21 世纪初，经济发展速度逐步加快，城乡发展差距日益突出。针对收入差距日益扩大问题，江泽民再次提出在社会主义现代化建设初期采取"一部分地区、一部分人"先富起来的发展路径，但对收入差距不能任其发展，需要遏制。党的十五

---

① 《中国共产党第十六次全国代表大会文件汇编》，人民出版社 2002 年版，第 16 页。

大报告中明确提出了一系列调节收入差距的政策以规范收入分配关系："依法保护合法收入，允许和鼓励一部分人通过诚实劳动和合法经营先富起来，允许和鼓励资本、技术等生产要素参与收益分配。取缔非法收入，对侵吞公有财产和用偷税逃税、权钱交易等非法手段牟取利益的，坚决依法惩处……规范收入分配，使收入差距趋向合理，防止两极分化。"[①] 同时，在20世纪末我国提前实现邓小平的"三步走"发展战略前两步的基础上，为了更好地将第二步和第三步发展战略有机衔接，党的十五大报告中提出了"新三步走"战略："第一个十年实现国民生产总值比二〇〇〇年翻一番，使人民的小康生活更加宽裕，形成比较完善的社会主义市场经济体制；再经过十年的努力，到建党一百年时，使国民经济更加发展，各项制度更加完善；到世纪中叶建国一百年时，基本实现现代化，建成富强民主文明的社会主义国家。"[②] 党的十六大深刻分析了当时我国实现小康的总体状况，认为当时达到的是低水平、不全面以及发展不平衡的小康。总之，在推进共同富裕的战略过程层面，江泽民提出的"新三步走"发展战略和全面建设小康社会新阶段目标，继承并发展了邓小平对共同富裕的实践与探索的精髓，成为21世纪我国深入推进共同富裕社会建设的新的行动纲领与奋斗指南。

在地区发展与共同富裕实现方略层面，共同富裕的实现

---

① 《中国共产党第十五次全国代表大会文件汇编》，人民出版社1997年版，第25页。

② 《中国共产党第十五次全国代表大会文件汇编》，人民出版社1997年版，第4页。

依赖于各地区的共同发展与共同富裕。20世纪末和21世纪初，我国不少地区还处于相对贫困或绝对贫困状态。为了实现最广大人民的根本利益，实现共同富裕，政府加大扶贫开发力度，加快建立社会保障体系。1994年，党中央、国务院通过了《国家八七扶贫攻坚计划》，把解决贫困人口、贫困地区作为首要任务，努力帮助贫困地区和贫困人口脱贫致富，共同享受发展成果。为解决部分地区的贫困与发展问题，江泽民继承并发展了邓小平的"两个大局"发展战略。他在1999年6月召开的中央扶贫开发工作会议上指出："加快中西部地区发展步伐的条件已经具备，时机已经成熟。……从现在起，这要作为党和国家一项重大战略任务，摆到更加突出的位置。"[①]1999年9月召开的党的十五届四中全会明确提出，"国家要实施西部大开发战略"。"西部大开发"成为江泽民推进共同富裕实践过程中的重要方略。通过推进西部大开发战略，东部地区与中西部地区的收入差距得到了一定程度上的缓解，且中央财政的转移支付以及国内发达地区的劳动密集型与资源密集型产业的转移，有效带动了中西部地区的经济发展和社会民生改善。同时，江泽民还提出了东部地区要通过多种形式帮助中西部地区发展，进一步发展了地区发展战略思想。

总之，以江泽民为主要代表的中国共产党人继续深化了共同富裕的理论与实践，对共同富裕的实现方略与发展路径进行了深入探索，所提出的发展方略指出了共同富裕的最终价值归属在于实现最广大人民的根本利益。推进西部大开发战略以及

---

① 《江泽民文选》第二卷，人民出版社2006年版，第341页。

国有企业改革，进一步调整生产力与生产关系中不相适应的部分，为解决我国农村贫困人口的温饱问题、缩小城乡发展差距以及地区发展差距提供了新的战略方向。

四、胡锦涛对共同富裕的探索与实践

步入 21 世纪，在改革开放各项制度与政策不断深化推进的背景下，我国在经济建设、文化建设、政治建设以及社会建设等诸多方面取得了举世瞩目的成就。总体上，我国经济实力不断增强，社会主义市场经济体制不断完善，社会民生不断改善且总体上达到小康水平。但是，在长期粗放型经济发展模式下，我国不管是在资源约束方面还是体制机制方面都出现了一些问题。在一系列新的阶段性特征的背景下，以胡锦涛为主要代表的中国共产党人提出了科学发展观。2003 年 10 月，胡锦涛在党的十六届三中全会上指出，"坚持以人为本，树立全面、协调、可持续的发展观，促进经济社会和人的全面发展"[1]。2007 年 10 月，党的十七大报告进一步深刻阐述了科学发展观的内涵和要求，并把科学发展观写入党章。科学发展观与马克思主义、毛泽东思想、邓小平理论和"三个代表"重要思想既一脉相承又与时俱进，丰富了马克思主义共同富裕的基本思想。

这一时期最核心的特征是"以人为本"——这与共同富裕下"人实现全面而自由的发展"的状态目标一致。党的十七大报告中明确指出："要始终把实现好、维护好、发展好最广大

---

① 中共中央文献研究室编：《十六大以来重要文献选编》上，中央文献出版社 2005 年版，第 465 页。

人民的根本利益作为党和国家一切工作的出发点和落脚点，尊重人民主体地位，发挥人民首创精神，保障人民各项权益，走共同富裕道路，促进人的全面发展，做到发展为了人民、发展依靠人民、发展成果由人民共享。"①在科学发展观中，"以人为本"的发展理念贯穿于推进共同富裕的全过程，核心体现是通过一系列民生工程以及医疗卫生与农业方面的体制机制改革实现人的全面发展。例如，加大力度解决教育、就业、收入分配、社会保障、医疗卫生和社会管理等与人民群众根本利益直接相关的问题；"努力使全体人民学有所教、劳有所得、病有所医、老有所养、住有所居，推动建设和谐社会"②。我国教育、医疗、就业、社会保障等方面的改革成效显著，突出表现为：

一是教育公平不断显现。根据 2013 年的《政府工作报告》，2007—2012 年，国家财政性教育经费支出五年累计 7.79 万亿元，年均增长 21.58%；教育资源重点向农村、边远、民族、贫困地区倾斜，教育公平取得明显进步③。二是就业水平与质量明显攀升。2007—2012 年累计投入就业专项资金 1973 亿元，实现高校毕业生就业 2800 万人，城镇就业困难人员就业

---

① 胡锦涛：《高举中国特色社会主义伟大旗帜 为夺取全国建设小康社会新胜利而奋斗——在中国共产党第十七次全国代表大会上的报告》，人民出版社 2007 年版，第 15 页。

② 胡锦涛：《高举中国特色社会主义伟大旗帜 为夺取全国建设小康社会新胜利而奋斗——在中国共产党第十七次全国代表大会上的报告》，人民出版社 2007 年版，第 37 页。

③ 温家宝：《政府工作报告——2013 年 3 月 5 日在第十二届全国人民代表大会第一次会议上》，人民出版社 2013 年版，第 9 页。

830 万人，保持了就业形势总体稳定①。三是全面推进社会保障体系建设。农村社会保险制度与城镇居民社会养老保险制度不断完善，城乡居民基本养老保险实现了制度全覆盖。尤其是建立新型农村合作医疗制度和城镇居民基本医疗保险制度，全民基本医保体系初步形成。四是深化推进社会主义新农村建设。为深化推进农业农村发展，国家出台了取消农业税、农村义务教育阶段免除学杂费等的惠农政策，真正意义上解放了农业与农村生产力。

在工业化建设方面，这一时期继续深化推进工业化建设，提出了走"中国特色新型工业化道路"。"走中国特色新型工业化道路"就是要"走出一条科技含量高、经济效益好、资源消耗低、环境污染少、人力资源优势得到充分发挥的新型工业化路子"②。从这个意义上，新型工业化道路是在承认既定环境资源约束下的工业发展道路的战略选择，既体现了工业化发展的一般规律，也体现了工业化与环境发展和可持续之间的有机联系，是对经济快速发展过程中出现的质量和效益问题的统筹考虑。胡锦涛在 2006 年 12 月召开的中央经济工作会议上指出："又好又快发展是全面落实科学发展观的本质要求。"③"又好又快发展"为共同富裕建设提供了更科学的原则，使共同富裕建设的速度和质量更加协调。

---

① 温家宝：《政府工作报告——2013 年 3 月 5 日在第十二届全国人民代表大会第一次会议上》，人民出版社 2013 年版，第 11—12 页。

② 《中国共产党第十六次全国代表大会文件汇编》，人民出版社 2002 年版，第 21 页。

③ 中共中央文献研究室编：《十六大以来重要文献选编》下，中央文献出版社 2008 年版，第 806 页。

在统筹区域发展方面，国家为进一步缩小地区发展差距提出了一系列发展方略，包括深化西部大开发战略、东北老工业基地振兴战略，以及"促进中部地区崛起，鼓励东部地区率先发展"的发展战略。尤其是在中部地区崛起战略方面，2010年8月国家发展和改革委员会公布了《促进中部地区崛起规划实施意见》和《关于促进中部地区城市群发展的指导意见的通知》，开始深入实施中部崛起战略。在共同富裕的总体实现阶段战略安排上，提出到2020年要实现全面建成小康社会的宏伟目标，这是进一步对邓小平"三步走"发展战略与江泽民提出的"小康"目标实现的深化探索。

五、习近平对共同富裕的探索与实践

进入新时代，以习近平同志为核心的党中央把握发展阶段新变化，把逐步实现全体人民共同富裕摆在更加重要的位置上，围绕实现共同富裕提出了一系列新理念、新思想、新战略，作出了一系列重大决策部署，推动区域协调发展，采取有力措施保障和改善民生，打赢脱贫攻坚战，全面建成小康社会，为促进共同富裕创造了良好条件，形成了符合中国道路、中国气派与中国风格的关于共同富裕的重要论述。这既是对马克思主义有关共同富裕设想的创造性发展，也是对毛泽东思想和邓小平理论中关于共同富裕内涵的创新性贡献，是习近平新时代中国特色社会主义思想的重要组成部分。

（一）思想内涵

党的十八大以来，我国社会主要矛盾发生了历史性变化，转化为"人民日益增长的美好生活需要和不平衡不充分的发展之间的矛盾"①。这个主要矛盾，既是阻碍中国特色社会主义全面发展进步的主要障碍，也是影响人民幸福生活和追求共同富裕的主要因素。因此，解决主要矛盾问题的过程，也是促进共同富裕的过程。面对新的社会主要矛盾下的主要发展制约，共同富裕的实现需要着力解决发展过程中的不平衡不充分问题。党的十九大报告作出了中国特色社会主义进入新时代的重大判断，指出这个新时代"是全国各族人民团结奋斗、不断创造美好生活、逐步实现全体人民共同富裕的时代"②。迈入新时代，我国经济发展转向高质量发展阶段。相应地，社会生产力发展的状态评价也建立在高质量发展的基础上。党的二十大报告明确提出新时代新征程中国共产党的中心任务，即"团结带领全国各族人民全面建成社会主义现代化强国、实现第二个百年奋斗目标，以中国式现代化全面推进中华民族伟大复兴"③。

习近平总书记指出，"共同富裕是社会主义的本质要求，是中国式现代化的重要特征。我们说的共同富裕是全体人民共同富裕，是人民群众物质生活和精神生活都富裕，不是少数人的富裕，也不是整齐划一的平均主义"④。习近平总书记对共同

① 习近平：《决胜全面建成小康社会 夺取新时代中国特色社会主义伟大胜利——在中国共产党第十九次全国代表大会上的报告》，人民出版社 2017 年版，第 11 页。

② 习近平：《决胜全面建成小康社会 夺取新时代中国特色社会主义伟大胜利——在中国共产党第十九次全国代表大会上的报告》，人民出版社 2017 年版，第 11 页。

③ 习近平：《高举中国特色社会主义伟大旗帜 为全面建设社会主义现代化国家而团结奋斗——在中国共产党第二十次全国代表大会上的报告》，人民出版社 2022 年版，第 21 页。

④ 习近平：《扎实推动共同富裕》，《求是》2021 年第 20 期。

富裕的这一重要论述，深刻揭示了共同富裕与社会主义和中国式现代化的内在统一性，进一步丰富了共同富裕的深刻内涵，创新发展了共同富裕设想。

一是共同富裕是社会主义的本质要求。2020年11月，习近平总书记在全国劳动模范和先进工作者表彰大会上指出，"让人民群众过上更加幸福的好日子是我们党始终不渝的奋斗目标，实现共同富裕是中国共产党领导和我国社会主义制度的本质要求"[1]。共同富裕，是马克思主义的一个基本目标。按照马克思、恩格斯的构想，共产主义社会将彻底消除阶级之间、城乡之间、脑力劳动和体力劳动之间的对立和差别，实行各尽所能、按需分配，真正实现社会共享、实现每个人自由而全面的发展。到那时，"生产将以所有的人富裕为目的"，"所有人共同享受大家创造出来的福利"。实现共同富裕，反映了社会主义的本质要求，体现了以人民为中心的立场。[2]

二是共同富裕是中国式现代化的重要特征。党的二十大报告指出，"中国式现代化是全体人民共同富裕的现代化"[3]。共同富裕本身就是社会主义现代化的一个重要目标。我们不能等实现了现代化再来解决共同富裕问题，而是要始终把满足人民对美好生活的新期待作为发展的出发点和落脚点，在实现现代化

---

① 《习近平在全国劳动模范和先进工作者表彰大会上的讲话》，《人民日报》2020年11月25日。

② 中共中央宣传部编：《习近平新时代中国特色社会主义思想学习纲要（2023年版）》，学习出版社、人民出版社2023年版，第70页。

③ 习近平：《高举中国特色社会主义伟大旗帜 为全面建设社会主义现代化国家而团结奋斗——在中国共产党第二十次全国代表大会上的报告》，人民出版社2022年版，第22页。

过程中不断地、逐步地解决好这个问题。①

三是共同富裕覆盖的主体是全体人民。习近平总书记指出，"像全面建成小康社会一样，全体人民共同富裕是一个总体概念，是对全社会而言的，不要分成城市一块、农村一块，或者东部、中部、西部地区各一块，各提各的指标，要从全局上来看"②。共同富裕是建立在全国各族人民与全国各地区总体层面的共同富裕，不是少数群体、部分社会阶层的共同富裕，更不是城乡的分别富裕。

四是共同富裕的目标指向是人的全面发展——包括物质生活与精神文明的高度发展。习近平总书记认为，在推进共同富裕时，要注重"促进人民精神生活共同富裕……促进共同富裕与促进人的全面发展是高度统一的"③。物质富足、精神富有是社会主义现代化的根本要求。物质贫困不是社会主义，精神贫乏也不是社会主义。④ 共同富裕是全面的富裕，不仅仅指物质生活的富足，还包括精神生活的富有。扎实推进共同富裕，要始终坚持物质文明和精神文明相协调。

五是共同富裕是仍然存在一定差距的共同富裕，不是整齐划一的平均主义、同等富裕。习近平总书记指出："中国要实现共同富裕，但不是搞平均主义"⑤，"要鼓励勤劳创新致富，坚

① 中共中央宣传部编：《习近平新时代中国特色社会主义思想学习纲要（2023 年版）》，学习出版社、人民出版社 2023 年版，第 71 页。
② 习近平：《扎实推动共同富裕》，《求是》2021 年第 20 期。
③ 习近平：《扎实推动共同富裕》，《求是》2021 年第 20 期。
④ 中共中央宣传部编：《习近平新时代中国特色社会主义思想学习纲要（2023 年版）》，学习出版社、人民出版社 2023 年版，第 59 页。
⑤ 《坚定信心 勇毅前行 共创后疫情时代美好世界》，《人民日报》2022 年 1 月 18 日。

持在发展中保障和改善民生"①。促进共同富裕不仅不能搞平均主义，还要鼓励勤劳创新致富。幸福生活都是奋斗出来的，共同富裕要靠勤劳智慧来创造。

（二）理论探索

党的十八大以来，习近平总书记围绕推进共同富裕进行了系统性的理论探索。

第一，坚持中国共产党的领导。2021年1月，习近平总书记在省部级主要领导干部学习贯彻党的十九届五中全会精神专题研讨班开班式上指出，实现共同富裕不仅是经济问题，而且是关系党的执政基础的重大政治问题。②中国共产党的领导是中国特色社会主义最本质的特征，是中国特色社会主义制度的最大优势。中国共产党一经诞生，就把为中国人民谋幸福、为中华民族谋复兴确立为自己的初心使命。让人民群众过上更加幸福的好日子是中国共产党始终不渝的奋斗目标，实现共同富裕是中国共产党领导和我国社会主义制度的本质要求。无数的历史和发展事实证明，只有依靠中国共产党的坚强领导，中国式现代化的进程才能更加顺利；只有坚持中国共产党的领导，才能更好地激发全体人民的斗志和信心建设中国特色社会主义。中国共产党在统筹资源配置以及协调各方力量中发挥了不可替代的作用。从中国共产党的百年辉煌历程来看，中国共

---

① 《在高质量发展中促进共同富裕 统筹做好重大金融风险防范化解工作》，《人民日报》2021年8月18日。
② 《深入学习坚决贯彻党的十九届五中全会精神 确保全面建设社会主义现代化国家开好局》，《人民日报》2021年1月12日。

产党的历史就是带领全体中国人民为实现共同富裕创造有利条件以及克服各类艰难险阻的历史。在中国共产党的领导下，我国扎实推进共同富裕才具备坚强的领导力量，才具备应对前进路上各种风险挑战的能力。

第二，坚持以人民为中心的发展思想。"坚持以人民为中心的发展思想"是我国经济发展的根本立场，促进全体人民共同富裕是这一根本立场的鲜明体现。习近平总书记指出，"我们必须坚持发展为了人民、发展依靠人民、发展成果由人民共享，作出更有效的制度安排，使全体人民朝着共同富裕方向稳步前进"[1]。党的十八届五中全会鲜明提出要坚持以人民为中心的发展思想，把增进人民福祉、促进人的全面发展、朝着共同富裕方向稳步前进作为经济发展的出发点和落脚点。实现共同富裕，首先要通过全国人民共同奋斗把"蛋糕"做大做好，然后通过合理的制度安排正确处理增长和分配关系，把"蛋糕"切好分好，让人民群众真真切切感受到共同富裕不仅仅是一个口号，而是看得见、摸得着、真实可感的事实。[2]

第三，坚持新发展理念指导下的高质量发展。推动高质量发展是我国经济发展的鲜明主题。习近平总书记指出，"在高质量发展中促进共同富裕"[3]。"高质量发展是全面建设社会主义现代化国家的首要任务。必须完整、准确、全面贯彻新发展理念，始终以创新、协调、绿色、开放、共享的内在统一来把握

———————

[1] 习近平：《在党的十八届五中全会第二次全体会议上的讲话（节选）》，《求是》2016年第1期。

[2] 中共中央宣传部编：《习近平新时代中国特色社会主义思想学习纲要（2023年版）》，学习出版社、人民出版社2023年版，第71页。

[3] 习近平：《扎实推动共同富裕》，《求是》2021年第20期。

发展、衡量发展、推动发展。"① 其中，创新是新发展阶段引领发展的第一动力。协调是解决共同富裕过程中发展不平衡问题的根本遵循。绿色是新发展阶段建设美丽中国、实现人与自然的共同富裕与共生发展的价值引领。开放是实现共同富裕的必然途径。共享是逐步实现共同富裕的价值归宿。习近平总书记指出，"坚持共享发展，就是要坚持发展为了人民、发展依靠人民、发展成果由人民共享，使全体人民在共建共享发展中有更多获得感，朝着共同富裕方向稳步前进"②。

（三）实践要求

习近平总书记在《扎实推动共同富裕》一文中阐述了促进共同富裕要把握好的四个原则以及总的思路。这些重要论述是新时代推动我国实现共同富裕的根本遵循。

1. 基本原则

一是鼓励勤劳创新致富。幸福生活都是奋斗出来的，共同富裕要靠勤劳智慧来创造。要坚持在发展中保障和改善民生，把推动高质量发展放在首位，为人民提高受教育程度、增强发展能力创造更加普惠公平的条件，提升全社会人力资本和专业技能，提高就业创业能力，增强致富本领。要防止社会阶层固化，畅通向上流动通道，给更多人创造致富机会，形成人人参与的发展环境，避免"内卷"、"躺平"。③

---

① 《牢牢把握高质量发展这个首要任务》，《人民日报》2023 年 3 月 6 日。
② 习近平：《深化合作伙伴关系 共建亚洲美好家园——在新加坡国立大学的演讲》，《人民日报》2015 年 11 月 8 日。
③ 习近平：《扎实推动共同富裕》，《求是》2021 年第 20 期。

二是坚持基本经济制度。首先，在所有制上，坚持公有制为主体、多种所有制经济共同发展。习近平总书记指出，"要立足社会主义初级阶段，坚持'两个毫不动摇'。要坚持公有制为主体、多种所有制经济共同发展，大力发挥公有制经济在促进共同富裕中的重要作用，同时要促进非公有制经济健康发展、非公有制经济人士健康成长。"[1] 其次，在分配制度上，坚持按劳分配为主体、多种分配方式并存。党的二十大报告提出，"分配制度是促进共同富裕的基础性制度。坚持按劳分配为主体、多种分配方式并存，构建初次分配、再分配、第三次分配协调配套的制度体系"[2]。最后，完善社会主义市场经济体制，推动有效市场与有为政府有效结合，更好发挥社会主义市场经济体制的优势。习近平总书记指出："搞社会主义市场经济是我们党的一个伟大创造"[3]，"提出建立社会主义市场经济体制的改革目标，这是我们党在建设中国特色社会主义进程中的一个重大理论和实践创新，解决了世界上其他社会主义国家长期没有解决的一个重大问题"[4]。

三是尽力而为量力而行。党的十九大报告指出，"保障和改善民生要抓住人民最关心最直接最现实的利益问题，既尽力而为，又量力而行，一件事情接着一件事情办，一年接着一年

---

[1] 习近平：《扎实推动共同富裕》，《求是》2021年第20期。

[2] 习近平：《高举中国特色社会主义伟大旗帜 为全面建设社会主义现代化国家而团结奋斗——在中国共产党第二十次全国代表大会上的报告》，人民出版社2022年版，第46—47页。

[3] 习近平：《正确认识和把握我国发展重大理论和实践问题》，《求是》2022年第10期。

[4] 习近平：《切实把思想统一到党的十八届三中全会精神上来》，《人民日报》2014年1月1日。

干。"[1] 尽力而为，强调发挥人的主观能动性，全力以赴、主动作为，坚定不移地实现共同富裕目标。特别是在解决人民群众最关心最直接最现实的利益问题上，必须拿出更大的力度、更实的举措，尽力而为、全力以赴。量力而行，强调必须具备充分考虑发展实际的科学求实精神，不能脱离实际、超越阶段，不能好高骛远、作兑现不了的承诺。

四是坚持循序渐进。习近平总书记强调："共同富裕是一个长远目标，需要一个过程，不可能一蹴而就，对其长期性、艰巨性、复杂性要有充分估计，办好这件事，等不得，也急不得。"[2] 实现全体人民共同富裕是一个长期的历史过程，必须保持历史耐心、进行不懈努力，根据现有条件把能做的事情尽量做起来，积小胜为大胜，推动全体人民共同富裕取得更为明显的实质性进展。

2. 总的思路

习近平总书记指出，促进共同富裕的总的思路是：坚持以人民为中心的发展思想，在高质量发展中促进共同富裕，正确处理效率和公平的关系，构建初次分配、再分配、三次分配协调配套的基础性制度安排，加大税收、社保、转移支付等调节力度并提高精准性，扩大中等收入群体比重，增加低收入群体收入，合理调节高收入，取缔非法收入，形成中间大、两头小的橄榄型分配结构，促进社会公平正义，促进人的全面发展，

---

① 习近平:《决胜全面建成小康社会 夺取新时代中国特色社会主义伟大胜利——在中国共产党第十九次全国代表大会上的报告》，人民出版社 2017 年版，第45 页。

② 习近平:《扎实推动共同富裕》，《求是》2021 年第 20 期。

使全体人民朝着共同富裕目标扎实迈进。[①]

具体而言：一是提高发展的平衡性、协调性、包容性；二是着力扩大中等收入群体规模；三是促进基本公共服务均等化；四是加强对高收入的规范和调节；五是促进人民精神生活共同富裕；六是促进农民农村共同富裕。[②]

（四）战略举措

党的十八大以来，以习近平同志为核心的党中央对关系新时代经济发展的一系列重大理论和实践问题进行了深邃思考和科学判断，坚持系统观念，统筹推进"五位一体"总体布局、协调推进"四个全面"战略布局，加强党对经济工作的全面领导，强调要立足新发展阶段、贯彻新发展理念、构建新发展格局、推动高质量发展，统筹发展和安全，全面深化改革开放，促进共同富裕。

随着中国特色社会主义步入新时代，党的十九大在"三步走"发展战略的基础上，进一步提出了分"两个阶段"实现全面建成社会主义现代化强国的战略安排。习近平总书记指出，"要深入研究不同阶段的目标，分阶段促进共同富裕：到'十四五'末，全体人民共同富裕迈出坚实步伐，居民收入和实际消费水平差距逐步缩小。到 2035 年，全体人民共同富裕取得更为明显的实质性进展，基本公共服务实现均等化。到本世纪中叶，全体人民共同富裕基本实现，居民收入和实际消费水平

---

① 习近平：《扎实推动共同富裕》，《求是》2021 年第 20 期。
② 参见习近平：《扎实推动共同富裕》，《求是》2021 年第 20 期。

差距缩小到合理区间"①。党的二十大报告在总结全方位改善民生已经取得的成效基础上，也进一步强调要"扎实推进共同富裕"，并将"增进民生福祉，提高人民生活品质"单列成章。在"扎实推进共同富裕"的举措方面，有几大亮点值得特别关注。

一是将精准扶贫与精准脱贫作为实现共同富裕的重要举措。在以习近平同志为核心的党中央的带领下，我国不仅顺利完成了从总体小康到奔向全面小康的历史性飞跃，而且在消除绝对贫困的基础上进一步统筹推动乡村振兴战略与精准脱贫战略的有机衔接，为全面解决农村农业与农民问题开辟了新的战略方向，为城乡之间统筹发展与实现共同富裕奠定了物质基础和制度基础。

二是深入推进共同富裕的区域发展战略。以习近平同志为核心的党中央进一步深化推进西部大开发战略、中部崛起战略以及东部地区率先发展战略，并进一步推出了京津冀协同发展、长江经济带发展、粤港澳大湾区建设、长三角一体化发展以及黄河流域生态保护和高质量发展等重大区域发展与创新战略，为推动区域创新要素和生产要素的有序流动和协同共享提供了政策支持。

三是探索共同富裕的新制度。2020年初，习近平总书记在考察浙江时提出重要指示，浙江要"努力成为新时代全面展示中国特色社会主义制度优越性的重要窗口"②。2021年5月，

---

① 习近平：《扎实推动共同富裕》，《求是》2021年第20期。
② 《习近平在浙江考察时强调：统筹推进疫情防控和经济社会发展工作 奋力实现今年经济社会发展目标任务》，《人民日报》2020年4月2日。

中共中央、国务院印发《中共中央 国务院关于支持浙江高质量发展建设共同富裕示范区的意见》，提出了浙江建设共同富裕示范区的新制度探索，即浙江在省域层面需要率先建设共同富裕示范区，聚焦高质量发展、收入分配、城乡一体化发展、社会保障、生态文明等关键着力点，往重点突破，不断创新共同富裕方法论的实践。具体通过维持 GDP 在全国前列水平，不断提高政府行政效率和治理效能，缩小区域之间以及城乡之间的发展差距；提出了建设共同富裕示范区的时间路线图和战略目标节点，即到 2025 年建设共同富裕示范区取得明显实质性进展及至 2035 年基本实现共同富裕，以期形成可供全国其他省份借鉴推广的经验。这是以习近平同志为核心的党中央作出的一项重大决策。支持浙江高质量发展建设共同富裕示范区，有利于通过实践进一步丰富共同富裕的思想内涵，有利于探索破解新时代社会主要矛盾的有效途径，有利于为全国推动共同富裕提供省域范例，有利于打造新时代全面展示中国特色社会主义制度优越性的重要窗口。

第三节　经济社会学视野下的共同富裕思想

经济社会学是阐释经济发展与社会结构的一门学科，是解释经济与社会主体之间相互嵌入、相互影响的研究流派。具体而言，经济社会学的研究对象包括市场组织和社会组织，其研究范畴聚焦追求市场经济目标与社会环境目标的组织行为与个体行为，能够解释包括经济发展与社会发展在内的经济与社会如何运行与运行状态。其研究范畴既包括一般意义上的经济学领域的生产、消费、流通与分配等市场问题，也包括非正规经济、社会文化与经济等文化范畴的问题。经济社会学研究，一般以经济现象为逻辑起点，探究这一现象背后的社会学机理与对社会的影响，也以社会现象为基础，探究社会现象背后的经济学逻辑和经济基础，即经济活动对社会现象的影响等。在经济社会学的视角下，共同富裕的实现机理不仅仅是一个纯粹的经济学问题，更是一个涵盖社会学领域中社会利益分配、社会贫富差距以及社会阶层分布的社会学问题。

从社会阶层分布来看，共同富裕意味着扩大中等收入群体的比重，即在消除绝对贫困的基础上，通过扩大中等收入群体进而实现全体人民共同富裕，形成橄榄型社会结构。自改革开放以来，我国在对外开放和市场化制度改革方面不断探索与深化，经济社会发展取得了一系列重大成就。特别是 20 世纪 90 年代后，我国经济逐步走向高速增长阶段，与之相随的是社会阶层中富裕阶层与中等收入阶层的比重不断扩大，尤其是民营企业不断崛起，成为带动国民收入增长与拉动地方就业的主要载体。根据世界银行经济学家布兰科·米兰诺维奇（Branko Milanovic）和什洛莫·伊茨哈克（Shlomo Yitzhak）、经济合作与发展组织（OECD）经济学家霍米·卡哈罗斯（Homi Kharas）以及美国皮尤研究中心（Pew Research Center）等提出的全球中等收入群体定义标准——日人均收入（或支出）在 10~100 美元区间为中等收入群体的界定，自 21 世纪以来我国中等收入群体持续扩大，中等收入群体收入持续增长。根据中国社会科学院中国社会状况综合调查数据，2001 年我国中等收入者比重为 2.5%，2008 年上升到 8.2%，2013 年继续上升到

17.1%，2019 年达到 33.9%，即约 1/3 的成年人口加入中等收入者队伍。全面建成小康社会有了更加稳固的基础。一些国际权威报告或统计数据同样证实了我国中等收入群体呈迅速增长趋势。例如，根据瑞信（Credit Suisse）《2015 年度全球财富报告》基于个人净资产（individual net worth）标准（5 万 ~ 50 万美元）统计：2000—2015 年，全球中产人数从 5.24 亿增加到 6.64 亿，其中超过 1/4 的新增中产是中国人，中国中产人数从 2000 年的 7000 万增加到 2015 年 1.09 亿，年均增加 260 万中产，中国成为中产人数最多的国家之一[①]。但是，从整体人口分布来看，2019 年我国只有约 1/3 成年人口的家庭年均收入达到中等收入水平，仍低于发达国家的相应比例。虽然我国脱贫攻坚取得全面胜利，但是消除绝对贫困并不意味着不存在相对贫困。目前我国依然存在大量经济困难群体，尤其是低收入群体依然占主要比重。在经济社会学的视野下，提高中低收入群体收入份额、扩大中高收入群体比重是迈向共同富裕社会的现实任务。为此，可从以下方面着手具体工作：

首先，在稳定经济基础方面，持续提升经济发展的潜力与水平。在宏观经济发展战略层面持续推进高质量发展，确保我国经济增长处于中高速增长的水平，进而确保经济稳定增长支持中等收入群体持续扩大收入份额。尤其是在经济增速下滑期与全球疫情冲击下的不确定性时期，通过一系列财政政策和货币政策发挥对逆周期的调节作用。其次，在促进社会就业方面，持续保持就业优先政策。稳定就业是确保中等收入者社会

---

① 李春玲：《迈向共同富裕阶段：我国中等收入群体成长和政策设计》，见《北京工业大学学报》（社会科学版）2022 年第 2 期。

地位的重要保障，将失业率控制在一定范围内有助于形成社会稳定效应，也有助于保障低收入群体的基本生活，提升就业收入群体的质量。再次，在优化社会保障制度和政策方面，提高社会兜底效应的社会福利政策，确保中等收入者能够应对外部风险因素对家庭收入的负面冲击，可通过一系列社会福利政策发挥收入兜底效应。最后，在分配制度体系层面，持续强化按劳分配为主体、多种分配方式并存的分配制度。需要强化市场初次分配、政府再分配以及构建有爱企业与有爱社会的第三次分配体系，更加重视企业的社会责任，通过撬动企业积极承担社会责任、贡献社会，进而发挥企业社会责任对共同富裕的助推效应。

第四节　创新经济学视野下的共同富裕思想

从经济增长的视角看，共同富裕强调的是经济总量尤其是人均生产总值达到一个较高状态，支撑经济增长的产业发展与企业发展能够满足人民日益增长的美好生活需要，以及破解发展不平衡与不充分问题。从决定经济增长的动力视角，自亚当·斯密（Adam Smith）系统提出古典政治经济学的增长框架以来，劳动分工便成为决定一国产业、企业实现效益改善与发展的关键要素，且提高劳动生产率的关键在于科技创新，驱动经济增长的要素主要包括劳动、土地、资本和技术（科技进步）等。此后，新古典经济学理论再次将技术进步纳入经济增长函数的要素组合中，认为技术进步与科技创新是实现经济增长的关键，但技术进步的外生性局限了技术进步与经济增长的实质性关系。此后，1962 年肯尼斯·J. 阿罗（Kenneth J. Arrow）在《"干中学"的经济含义》（*The Economic Implications of Learning by Doing*）一文中提出技术因素内生化模型，突破了技术进步与科技创新外生性的新古典经济增长框架，从内生性增长框架探讨知识深化、知识积累与"干中学"对经济增长的长期作用。尤其是保罗·M. 罗默（Paul M. Romer）将知识作为一个独立的内生变量直接引入经济增长模型，提出了基于知识溢出的内生经济增长模型，在一定程度上为构建知识型社会与学习型社会提供了宝贵的思想源泉。更进一步，约瑟夫·阿洛伊斯·熊彼特（Joseph Alois Schumpeter）真正意义上将创新如何驱动经济增长过渡到经济发展层面，认为"经济增长"的主要驱动要素是劳动与土地等要素的投入，即资本主义式的经济增长，但是技术进步与科技创新能使经济结构产生新的跃迁与质变，表现为通过创新驱动的新要素组合实现"创造性破坏"（creative destruction），即科技创新与技术进步能够打破旧有经济增长的要素均衡模型，实现新的组合驱动的经济发展。此后，以熊彼特理论为基础的"熊彼特主义"得到了欧洲国家创新经济学与演化经济学学者的持续深化研究，一系列科技创新、技术进步与经济增长的理论框架被提出，其中最具代表性的是国家创新系统理论，即将"政府—市场—社会"驱动的科技创新与技术进步纳入国家经济发展与国家能力演化的理论框架中。

从共同富裕的实现来看，首要的便是立足科技创新驱动经济与社会的高质量发展。具体来看，第一，从经济结构与产业发展的视角，科技创新能够催生新的经济结构实现"创造性破坏"，并带动传统产业结构的升级与转型。这一过程依赖于技术进步尤其是突破性技术、颠覆性技术和未来技术等技术变迁催生新的产业与新的业态，基于新的技术嵌入改变传统产业发展方式实现新旧动能转换。第二，从资源配置的视角，共同富裕的实现依赖于更好地发挥市场在资源配置过程中的决定性作用以及更好地发挥有为政府的作用，强调依赖有效市场和有为政府更好地推动资源配置过程具有包容性、普惠性以及综合价值创造效应。相应地，科技创新能够增强要素资源的配置效应，尤其是面向社会议题和社会意义的科技创新范式的出现，为提高社会生产力提供了范式遵循——包括包容性创新（inclusive innovation）范式、朴素式创新范式以及社会创新(social innovation)、企业社会责任创新等多元范式，为开辟科技创新驱动要素配置的公共社会效益提供了理论框架。第三，从科技创新与人的幸福感和人的全面发展的视角，共同富裕的实现必然是人的全面发展，即人的主观能动性以及人的幸福感处于较高水平或较优状态。科技创新在驱动经济总量增长和社会财富积累的同时，能够通过制度创新、公共创新（common innovation）以及社会创新等创新范式提升居民幸福感，尤其是政府在教育、医疗以及交通与社会保障等领域的科技创新，有助于实现社会发展的可持续性，提升整个社会福利水平。同时，科技创新能够加速传统高耗能产业转型，基于新的节能减排技术、低碳技术与绿色技术的创新，实现环境友好型经济发展与绿色发展，最终通过改善环境质量增强人的幸福感。

要指出的是，科技创新并不意味着百利而无一害，科技创新与技术进步同样在经济福利改善、社会效益提高以及生态效应增值等方面具有"双刃剑"效应，即经济福利层面的地区经济差距和社会层面的收入差距的拉大，以及机器替代传统产业、传统劳动力造成"结构性失业"效应，是区域发展不平衡的重要诱因。除此之外，基于已有理论视角理解共同富裕与科技创新的基本传导关系，更多仍是聚焦在科技创新通过促进经济总量增加进而为可分配财富总量奠定坚实基础这一视角。但关于如何在富裕物质基础上解决"分配"问题，如何解决科技创新对"分配"在共同富裕实现上的作用机制等，尚需进行视角补充与转换。

因此，共同富裕视野下的科技创新驱动的经济与社会高质量发展，依然依赖于科技创新治理，即通过科技创新治理系统地调整科技创新战略导向以及科技创新过程与价值分配，立足科技创新治理制度安排与体制机制设计，更好地保证科技创新战略契合人本主义以及收敛于经济与社会环境可持续发展目标导向。

第二章 共同富裕与科技创新的理论逻辑

在中国特色社会主义新时代下，科技创新的重要性更加凸显。在共同富裕实现进程中，我国科技创新具有了新的战略定位、新的使命目标、新的运行体制机制、新的要素组合以及新的范式引领。如何使科技创新发挥支撑共同富裕以及推动社会主义现代化强国建设的作用，成为新发展阶段下急需关注的重大研究议题。不论是从共同富裕的内涵剖析还是共同富裕的实现机理来看，科技创新必然深刻嵌套于共同富裕实现进程中的全局视野之下，且深刻支撑共同富裕以及社会主义现代化强国的系统性实现。本章在系统阐述共同富裕的历史演进和内涵界定的基础上，全面解构共同富裕视野下中国科技创新的逻辑转向和范式选择，重点研究在迈向共同富裕的进程中科技创新范式如何契合共同富裕的理论逻辑和战略支撑构面。

第一节 共同富裕的历史演进与内涵界定

中国古代农业社会便有诸子百家对共同富裕社会的理想描绘。现代意义上推进共同富裕的实践始自中国共产党的成立。中国共产党推进共同富裕的实践进程具有鲜明的时代性。

一、共同富裕的历史演进

共同富裕的思想形成以及实现进程并非一蹴而就，其形成、发展和演化具有鲜明的历史阶段性和时代性，以及深刻的历史逻辑和实践逻辑。从中华民族传统文化的视野来看，历史上中华民族便存在对共同富裕社会的美好向往与描绘。作为诸子百家思想策源的春秋战国时期，产生了如儒家的"大同社会"、墨家的"兼爱非攻"、法家的"富国强兵"以及道家的"小国寡民"等思想，这些皆蕴含了对共同富裕理想社会的描述。在封建社会，伴随着若干农民起义运动，各历史朝代也产生了诸多与共同富裕主旨相似的思想。其中：陈胜、吴广农民起义包含了消除贫富差距、实现共同富裕的社会发展追求，太平天国的"无处不均匀，无人不保暖"的理想社会追求描述同样蕴含了共同富裕的分配格局与人民生活状态。

中国共产党一经诞生，就把为中国人民谋幸福、为中华民族谋复兴确立为自己的初心和使命[①]，就把坚持人民利益高于一切鲜明地写在旗帜上，把全心全意为人民服务作为根本宗旨，把实现好、维护好、发展好最广大人民根本利益作为一切工作的出发点和落脚点。早在中共二大，中国共产党便旗帜鲜明地提出了把实现共产主义社会作为党的最高纲领，共同富裕成为实现共产主义社会的应有之义。

从解放战争时期开始，到新中国成立之初，中国共产党带领全国各族人民实现了民族独立和人民民主——这是实现共同

---

① 《在纪念辛亥革命110周年大会上的讲话》，《人民日报》2021年10月10日。

富裕的基础前提之一，尤其是对农村土地分配制度的系统变革实现了以土地为生产资料的公有制，积累了攻坚绝对贫困的经验，对共同富裕问题作了深入的探索。

中华人民共和国成立后，中国共产党领导全国各族人民进行了艰苦卓绝的斗争，初步建立了完整的工业体系，社会生产力得到极大发展，为共同富裕的实现奠定了经济基础。尤其是通过全面的社会主义改造，基本实现了社会主义生产资料公有制，初步建立了社会主义的基本制度，为共同富裕的推进奠定了基本的制度基础。1953 年 12 月，《中国共产党中央委员会关于发展农业生产合作社的决议》中首次正式提出"共同富裕"概念[1]。

改革开放初期，以邓小平为总书记的党中央领导全国各族人民实现了计划经济体制向社会主义市场经济体制的转轨，并旗帜鲜明地提出了社会主义的本质以及实现共同富裕的方法论。邓小平指出："社会主义的本质，是解放生产力，发展生产力，消灭剥削，消除两极分化，最终达到共同富裕"；"走社会主义道路，就是要逐步实现共同富裕"[2]。他还对共同富裕的实现道路进行了设计："一部分地区有条件先发展起来，一部分地区发展慢点，先发展起来的地区带动后发展的地区，最终达到共同富裕。"[3] 同时，他还提出了实现共同富裕的分配原则："坚持社会主义，实行按劳分配的原则，就不会产生贫富过大

---

① 《中国共产党中央委员会关于发展农业生产合作社的决议》，《人民日报》1954 年 1 月 9 日。
② 《邓小平文选》第三卷，人民出版社 1993 年版，第 373 页。
③ 《邓小平文选》第三卷，人民出版社 1993 年版，第 374 页。

的差距。"①

改革开放深化期，党的十三大报告指出："我们的分配政策，既要有利于善于经营的企业和诚实劳动的个人先富起来，合理拉开收入差距，又要防止贫富悬殊，坚持共同富裕的方向，在促进效率提高的前提下体现社会公平。"②1998年江泽民在纪念党的十一届三中全会召开二十周年大会上指出："在整个改革开放和现代化建设的过程中，都要努力使工人、农民、知识分子和其他群众共同享受到经济社会发展的成果。"③ 基于这一战略认识，中国共产党继续深化推进改革开放，坚持发展生产力以及完善社会主义市场经济体制，进一步解放和发展生产力，为共同富裕的实现奠定了坚实的物质基础。

21世纪之交，中国共产党人对共同富裕的理论思考和实践探索得到进一步深化，围绕实现"什么样的共同富裕"进行积极探索，逐步形成并丰富了共同富裕的战略思想。党的十四大报告首次提出分配要"兼顾效率与公平"，同时将缩小地区、城乡之间发展差距纳入共同富裕的范畴之内，明确经济比较发达地区要采取多种形式帮助贫困地区加快发展。党的十六大报告强调了初次分配与再分配的职能分工，提出了全面建设小康社会的奋斗目标，共同富裕的目标内涵逐步清晰。党的十七大报告进一步明确深化收入分配制度改革的方向和任务，是从实际出发对效率和公平关系认识的不断深化和完善。

---

① 《邓小平文选》第三卷，人民出版社1993年版，第64页。
② 中共中央文献研究室编：《十三大以来重要文献选编》上，人民出版社1991年版，第32页。
③ 中共中央文献研究室编：《十五大以来重要文献选编》上，人民出版社2000年版，第692页。

党的十八大以来，以习近平同志为核心的党中央，把逐步实现全体人民共同富裕摆在更加重要位置，对共同富裕道路作了新的探索，对共同富裕理论作了新的阐释，对共同富裕目标作了新的部署。党的十八大报告首次正式提出全面建成小康社会。锚定此目标，以习近平同志为核心的党中央提出精准扶贫理念，将扶贫与扶智相结合，形成了一套具有中国特色的反贫困理论。2021年7月，习近平总书记在庆祝中国共产党成立100周年大会上庄严宣告，"我们实现了第一个百年奋斗目标，在中华大地上全面建成了小康社会"[1]。在全面建成小康社会的基础上，党的十九大报告对实现第二个百年奋斗目标作了"两步走"战略安排：第一个阶段为2020—2035年，该阶段的目标是"全体人民共同富裕迈出坚实步伐"[2]；第二个阶段是2035年到21世纪中叶，该阶段的目标是"全体人民共同富裕基本实现"[3]。中央财经委员会第十次会议则强调了共同富裕实现方法、路径和最终目的，着重提出"正确处理效率和公平的关系，构建初次分配、再分配、三次分配协调配套的基础性制度安排"，"形成中间大、两头小的橄榄型分配结构"，使全体人民朝着共同富裕目标扎实迈进。党的二十大报告提出，"中

---

① 习近平：《在庆祝中国共产党成立100周年大会上的讲话》，人民出版社2021年版，第2页。

② 习近平：《决胜全面建成小康社会 夺取新时代中国特色社会主义伟大胜利——在中国共产党第十九次全国代表大会上的报告》，人民出版社2017年版，第28页。

③ 习近平：《决胜全面建成小康社会 夺取新时代中国特色社会主义伟大胜利——在中国共产党第十九次全国代表大会上的报告》，人民出版社2017年版，第29页。

国式现代化是全体人民共同富裕的现代化"[①]，"共同富裕是中国特色社会主义的本质要求"[②]，强调"坚持把实现人民对美好生活的向往作为现代化建设的出发点和落脚点，着力维护和促进社会公平正义，着力促进全体人民共同富裕，坚决防止两极分化"[③]，并围绕共同富裕这一战略目标进行了规划设计和安排部署。从脱贫攻坚战对解决"绝对贫困"的全面胜利，到乡村振兴对解决"相对贫困"的战略部署，再到将实现共同富裕作为人民对美好生活向往的重要内容，在中国特色社会主义新时代，共同富裕是全新历史方位下的重大战略抉择，也是全面建设中国特色社会主义现代化强国的必然路径选择，更是落实以人民为中心的发展思想的根本体现。

二、共同富裕的内涵界定：基于多理论视角的融合观

目前学界对共同富裕的内涵理解存在多种视角。

一是从发展阶段的视角理解共同富裕。共同富裕是我国全面建成小康社会后进入新发展阶段的重大战略举措，是第一个百年奋斗目标向第二个百年奋斗目标的战略转换。相应地，共同富裕是我国社会主义初级阶段向社会主义现代化强国建设迈

---

① 习近平：《高举中国特色社会主义伟大旗帜　为全面建设社会主义现代化国家而团结奋斗——在中国共产党第二十次全国代表大会上的报告》，人民出版社2022年版，第22页。

② 习近平：《高举中国特色社会主义伟大旗帜　为全面建设社会主义现代化国家而团结奋斗——在中国共产党第二十次全国代表大会上的报告》，人民出版社2022年版，第22页。

③ 习近平：《高举中国特色社会主义伟大旗帜　为全面建设社会主义现代化国家而团结奋斗——在中国共产党第二十次全国代表大会上的报告》，人民出版社2022年版，第22页。

进的关键战略抉择，新发展阶段的"新"，不仅是历史阶段的新，而且是发展战略和发展要求的新。从当前我国经济发展总量看，2020年我国GDP总量已突破100万亿元，位居世界第二，但是人均可支配收入仅为32189元。迈向共同富裕要求我国不仅经济总量位居高位，更为关键的是人均发展水平得到较大程度提升，中高收入群体比重较大，破解经济发展过程中的发展不平衡与不充分的问题。

二是从社会利益分配尤其是收入分配的视角理解共同富裕。改革开放以来，我国在社会主义市场经济体制转型过程中逐步确立了公有制经济主导下的以按劳分配为主体、多种分配方式并存的分配制度，分配原则总体上是"效率优先，兼顾公平"。但是，效率优先分配原则存在一定的现实问题，体现为效率依赖于公平的牺牲衍生贫富差距扩大，或者兼顾公平难以体现效率导向衍生劳动者积极性下降。相应地，社会利益分配与收入分配视角下的共同富裕的本质内涵，是实现生产力发展的同时实现社会分配更加公正合理，实现效率与公平的有机统一，更加强调先富对后富的带动效应，不同社会阶层与不同职业群体的物质生活差距控制在合理适度范围，更加强调社会财富的共创与共享，实现社会公共服务的均等化。

三是从人的全面发展视角理解共同富裕。遵循马克思对人类社会形态的描述，人类社会逐步从原始社会、奴隶社会、封建社会向社会主义社会与共产主义社会转型。在社会主义社会与共产主义社会中，人类从"必然王国"走向"自由王国"，人获得全面而自由的发展。共同富裕是人的全面发展的综合体现，是包括人的物质富裕和精神富足的多维富裕，是人与社会、人与自然进入共生共赢的发展状态。

综上，共同富裕的内涵至少包括四个方面。第一，共同富裕战略的最终价值导向是实现全体人民的共同富裕，并不是少数阶层或少数群体的富裕，是建立在以人民为中心基础上的共同富裕。这不仅仅要求"做大蛋糕"，更要求各类经济性、社会性主体在提升价值创造能力的过程中强化价值共享意识，在发展成果方面要更注重发展共享、分配公平、民生福祉。第二，共同富裕强调"共同"而非"平均"，即这一共同富裕下的发展成果共享并不是完全平均主义下的分配制度，而是建立在按劳分配为主、多种分配方式共存的分配制度下的共同富裕。因此，全体人民内部富裕是有差异的富裕，即在达到总体富裕与底线富裕的基础上各地区、各收入阶层以及社会群体依然存在富裕程度上的差别。第三，共同富裕战略不仅仅是面向物质财富创造的富裕，更是面向人民群众的精神世界的共同富裕，即人人享有追求物质财富之外的精神财富的权利，实现与精神需求和文化满足相关的非物质财富富裕。通过实现共同富裕，进一步提高社会公平，实现人民对美好生活的向往，进而实现人的全面发展。第四，共同富裕的实现并非一蹴而就，其实现必然存在一定的阶段性甚至曲折性，需要市场、政府与社会共同构建初次分配、再分配以及第三次乃至第四次分配等多种分配方式并存的分配体系，更好地发挥市场配置资源的决定性作用，更好地发挥政府的作用，并实现"市场—政府—社会"的有机协同。

共同富裕的关键特征包括三个层面。第一，共同富裕的价值归属在于人的全面发展，即共同富裕不仅仅是经济基础和社会质量的高水平状态,还是生产力与生产关系相互适应的高水平状态,更是人的发展进入全面综合多维富裕的阶段。第二,共同富裕在经济财富创造与社会财富分配上不是消除效率导向,更不是消除收入差距,而是实现效率与公平的有机统一,在承认市场效率的合理范围内更好地实现分配正义与分配公平。第三,共同富裕强调"共同",本质上是中国共产党带领全国各族人民实现先进生产力水平下的发展成果全体共享,更强调党对全体人民的政治初心与契约承诺,是中国特色社会主义的根本原则,是中国特色社会主义现代化的鲜明特征和根本标志。共同富裕更强调社会主义制度下整体社会成员与全体人民进入富裕社会。

第二节 共同富裕视野下的中国科技创新逻辑转向

改革开放以来,中国特色社会主义现代化建设的进程从未止步,我国已实现从温饱型社会、小康型社会、总体小康社会向全面小康社会的历史性跨越。其中,科技创新在支撑社会物质财富积累、城乡居民收入增长、社会转型发展和人的幸福感增进方面发挥着不可忽视的作用,在一定程度上印证了"科学技术是第一生产力",也成为全面小康社会向共同富裕社会转型的原动力。

一、共同富裕与科技创新的基本传导关系

在共同富裕的视野下,科技创新依然扮演着重要角色,成为推动经济发展、社会转型与人的全面发展的加速器和推进剂。

（一）科技创新带动经济发展

科技创新通过贯彻新发展理念、改善市场经济结构为优化经济发展方式赋予新动力，引领经济发展。首先，科技创新是创造社会财富的原始动力，在创新主体发展中起到决定性作用。而创新成果、知识产权作为创新主体的核心优势，能够增强其市场竞争力。其次，科技创新赋能经济发展，通过激发市场活力，促使产业结构不断优化，为创新主体提供动力与技术支持，提高经济发展中的科技含量。最后，创新主体通过科技创新增加自身利润，提高资本生产率，推动解决在发展中遇到的矛盾和问题。因此，科技创新是驱动经济高速度、高质量发展的重要抓手，促进了经济发展的重要价值变革。

（二）经济发展助力共同富裕

共同富裕是一个长远目标，需要经济发展与政策工具的调控治理相结合，共同推进全社会共同富裕的进程。首先，经济发展能够调整生产力与生产关系的关系，使物资满足人类的需求，使基本经济关系对社会财富的合理分配产生积极作用。其次，经济发展能够缩小贫富差距，推动我国现有经济格局从中间小、两头大的"哑铃型"结构向中间大、两头小的"橄榄型"结构转换，逐渐扩大中等收入群体，防止两极分化。最后，只有理解并正确运用经济发展的客观规律，才能更好地做大"蛋糕"、分好"蛋糕"，才能更好地保证社会公平。

（三）科技创新推进共同富裕

新时期共同富裕目标的实现需要依靠更多的主体，采取更多元的方式。科技创新通过共创、共享和共益三重路径推动经济发展，从而加快实现共同富裕的步伐。首先，价值共创是科技创新的重要基石。全球科技格局正面临深刻调整，要求各学科领域交叉融合、协同互通。科技创新的多主体之间有必要开放合作、共建创新网络，集思广益、提升科技创新效率，交互共融、发挥协同带动作用，从而实现科技创新价值创造的互利共赢。其次，价值共享是科技创新的不竭动力。顺应经济全球化的趋势，我国全面开放的新格局已经形成。科技创新通过资源、数据、成果共享，发挥多主体优势，在传统创新方式上有所突破，实现了一定范围内的共享，并不断挖掘创新主体的创新潜力，催生新的科学技术手段，更精准地将科研成果转化为生产力。最后，价值共益是科技创新的必然选择。科技创新本身提供了共益的重要资源，同时在全社会引发公共效应，从根源上树立创新主体的共益社会责任观，以更先进的科学技术手段打造全面可持续的价值共益形态，从而推动共同富裕进程。

二、共同富裕对中国科技创新的逻辑转向

共同富裕视野下的科技创新，需要与共同富裕实现进程中的发展理念和发展方略相互契合。因此，共同富裕视野下的中国科技创新面临新的逻辑转向，包括使命目标、场域、主体构成、竞争逻辑以及政策逻辑导向发生根本性转变。

（一）科技创新使命目标的转向：从经济使命迈向混合型使命

从使命目标的构成看，根据新古典经济学和新制度经济学的研究框架，科技创新作为驱动经济增长的内生性要素和生产要素，其使命目标也自然趋向于经济目标和经济价值。从科技创新的主体构成看，不管是企业主导的技术创新，还是高校、科研机构主导的科技成果转化，科技创新的直接使命便是创造财富，且此类财富是一个综合概念——不仅仅是面向创新者个体的物质财富，更包括推动经济增长和社会财富增长的"大财富"，经济价值成为科技创新的主导性目标。同时，从科技创新作用于经济增长的过程机理来看，科技创新主要通过催生新的业态、新的产业以及新的技术来实现传统产业发展模式变化和技术变革，最终牵引微观企业运营效率提高、成本降低以及产业增加值提升。评价科技创新成果或绩效的主导指标也相应地被赋予经济意义，包括新产品产值、企业财务绩效以及产业增加值等多个维度。

共同富裕视野下，科技创新的经济使命逐步被高质量发展目标下的经济与社会环境综合性目标使命替代，追求经济"量"的飞跃已不是共同富裕视野下走向高质量发展与内涵式经济发展的道路选择，"提质增效"成为科技创新驱动经济增长的价值利器。科技创新的价值目标也必然回归经济发展和社会发展的软约束，并收敛于高质量发展与共同富裕视野下经济与社会环境均衡式发展的综合目标。这一目标直接影响科技创新主体的价值目标选择，表现为企业开展技术创新不仅仅是服务于企业经济效率和经济价值创造，而是强调依赖科技创新更好地推动企业可持续发展，将利益相关方的多元价值诉求更好地纳入企业战略视野，为涵盖经济、社会与环境的多元利益相关方创造综合价值与共享价值。

（二）科技创新场域的转向：从私人场域转向公共场域

场域（field）是组织制度主义中的一个重要概念，描述不同制度主体基于特定规则形成的关系范畴。处于同一场域的组织会受到场域内不同制度主体的约束和影响，其传导机制主要是合法性，即规制合法性、规范合法性与认知合法性，对组织的战略导向与行为选择无形引导，最终导致组织内的组织出现"制度同形"的状况。在制度逻辑理论的视角下，场域内的不同制度主体蕴含不同制度逻辑倾向，包括市场逻辑、社会逻辑、国家逻辑、宗教逻辑、家族逻辑、科学逻辑和技术逻辑等，逻辑之间的冲突、耦合、分化以及共融最终影响组织的战略导向和行为选择，主导逻辑之间也存在交替主导、连续性主导以及渐进式涌现等多重状态。从所处场域的角度看，科技创新本质上是企业等市场组织（技术创新）、高校（知识创新）以及政府（公共产品与服务创新）等多重主体的战略行为。尤其是从技术创新主体企业本位论来看，尽管企业在开展技术创新的过程中形成多主体的科技创新场域，但是市场组织（企业）主要聚焦市场逻辑下的私人场域，并通过捕获外部主体如政府组织、中介组织以及高校等知识场域（产学研组织、技术创新联盟等）实现私人场域下创新知识供给的最大化以及创新效率改善。其创新战略行为更多受到私人场域下市场逻辑的支配。私人场域下企业开展研发投入、工艺改造以及技术开发与新产品开发等主要受到外部股东价值与经济导向型用户价值的驱动。这些均以市场价值最大化为最终归属，以满足所处私人场域内的价值导向和行为选择的约束与规范。

共同富裕视野下，企业开展科技创新的场域主要转向公共场域。这意味着科技创新主体不仅聚焦市场逻辑，还涵盖国家逻辑、社会逻辑、社区逻辑以及家族逻辑等多元制度逻辑。不管是企业主导的科技创新，还是公共政府组织主导的科技创新，更多地偏向于涵盖市场逻辑、国家逻辑和社会逻辑的多重制度混合逻辑。在多重制度逻辑下，科技创新场域内创新主体的价值目标和战略行为走向新的高阶均衡，实现传统私人场域主导的市场导向型创新向涵盖国家逻辑、社会逻辑和社区逻辑的公共创新、社会创新和企业社会责任创新等的战略转型。

（三）科技创新主体构成的转向：从企业家个体语境走向大众语境

从科技创新主体构成来看，自 20 世纪初期熊彼特提出创新经济学的研究框架以来，科技创新的主体直接指向企业家，即认为企业家是市场要素资源尤其是生产要素重新组合与优化配置的组织者，是创新活动的源泉，企业家精神成为驱动市场创新与资本主义社会发展的原动力。围绕如何提升科技创新能力的主体指向，便是要聚焦企业家个体，包括激发企业家从事创新创业的意愿与动力、提高企业家的综合社会地位以及为企业家的创新创业提供更好的制度环境。整个科技创新的体制机制设计重点在于强化企业家个体的创造性、创新能力以及贡献社会的爱心和意愿，科技创新主体被狭隘地局限于个体语境之内。产生的后果便是科技创新战略导向、科技创新过程与科技创新绩效产出也局限于企业家个体视野，即锁定于企业家个体的市场嗅觉、技术方向与战略视野之中，科技创新逐步与所处的社会环境相互割裂，形成"技术—市场—社会"的割裂体。

共同富裕视野下，科技创新主体构成不仅指向企业家，还包括具有创新创业潜力和活力的社会用户。尤其用户创新范式的提出对传统企业家驱动的技术创新过程产生全方位颠覆，即创新过程逆向化，用户参与研发设计、用户主导研发过程以及用户开源社区等成为创造更大经济与社会价值的重要标尺。共同富裕强调人人享有更多的发展机会以及共享发展成果，在做大"蛋糕"的同时拥有更大范围参与共享的权利。相应地，科技创新主体也不局限于企业家个体，科技创新更多依赖于集体智慧、社区与社群大众用户，形成以人民为中心的万众创新格局，实现科技创新主体范围的全方位颠覆。

（四）科技创新竞争逻辑的转向：从竞合逻辑走向价值共生逻辑

从科技创新的竞争逻辑看，不管是以国家为主体的科技综合实力竞争、以产业为单元的产业竞争，还是以微观企业为创新主体的市场竞争，科技创新已成为衡量国家综合竞争力、产业竞争力以及企业竞争力的重要参数，且科技创新的竞争逻辑趋向于竞合逻辑，即竞争逻辑主导下的竞争中合作以及合作中竞争。尤其是在开放式创新环境下，科技创新主体边界逐步泛化，科技创新过程以及科技创新的知识来源边界也逐步分散化，企业逐步寻求与外部知识主体的知识交互、知识吸收以及知识整合，进而强化自身的创新竞争力。这一过程愈加需要与外部知识主体开展研发合作，通过合作寻求竞争效应最大化。竞合逻辑下的科技创新本质上是寻求市场竞争价值的最大化，如大企业与小企业的资源竞争、大企业与大企业的创新生态系统竞争等。竞合逻辑下虽然存在大企业对小企业的资源互补效应或协同效应，但总体上形成的是附属或依赖关系，且大企业间的创新生态系统竞争本质上是"你输我赢"的零和博弈，近年来互联网企业创新生态竞争过程中平台企业的生态圈竞争行为便是直接体现。

共同富裕视野下，竞合逻辑逐步转向价值共生逻辑，即以创新共同体思维重塑竞争与合作关系，表现为大中小企业"你中有我、我中有你"的交互关系，且创新过程与创新价值分配更强调共益导向，即强调创新过程中多主体价值共创的同时，更强调创新成果价值分配上的共益和共赢，依据一定的共益分配原则对不同类型企业、不同类型创新主体的参与贡献和价值进行合理分配，实现真正意义上大中小企业在创新过程中的要素融通以及创新成果的共享和共益，最终形成可持续的共赢创新生态圈与共同体。

（五）科技创新政策逻辑的转向：从强选择性导向转向功能性与普惠性导向

自国家创新系统理论提出以来，科技创新政策得到学界的广泛关注和研究，成为世界科技强国政府广泛运用的政策工具。科技创新政策的主要目标是通过发挥政府能力实现科技创新要素资源的有效动员与优化配置，更好地支撑特定创新目标与战略的实现，提升整个微观企业以及产业的自主创新能力。科技创新政策在形式上表现为科学技术的战略规划、计划、法律、条例、办法、指导方针和行为准则，在类型上表现为科技政策、产业政策、金融政策、税收政策和财政政策等。同时，科技创新政策往往并非某类政策独立使用，而是呈现出组合式政策框架。其中，产业政策的制定与实施主要是面向产业内产业创新组织的培育以及产业创新发展环境的优化，如通过产业规划、产业振兴计划以及产业转型战略等实现特定产业的孵化、催化以及转型，产业政策的配套实施包括产业技术政策、产业财政政策以及税收政策等。在政策导向上，科技创新政策主要分为选择性产业政策与功能性产业政策两类：前者主要聚焦于特定产业组织的培育，根据产业发展的特点选择创新主体，进而配套相应的财政政策、税收政策和金融政策等，实现部分产业、产业内部分企业的迅速赶超和创新能力提升；后者主要聚焦于产业发展基础设施和产业发展环境的改善与优化，通过提供公共产业发展的基础设施，为产业内创新主体提供更好的创新环境，并在政策激励导向上弱化政策对象的选择，同时聚焦产业整体发展，为产业内多元创新主体提供普惠式创新环境——包括创新融资环境和市场营商环境等。

从科技创新政策的运用情况看，随着我国科教兴国、人才强国和创新驱动发展等重大科技创新战略的实施，国家技术改造计划、国家科技攻关计划、国家重点技术发展项目计划、国家重点实验室建设项目计划、国家重点工业性试验项目计划和国家重大技术装备研制与推广应用专项资金安排计划等重大科技计划和产业计划，以及科研机构体制改革、科技成果转化等科技政策不断出台，整体上科技创新政策对微观企业技术创新战略和技术创新路线的指引发挥出较强的选择性功能。

共同富裕视野下，科技创新政策的总体目标导向依然收敛于优化我国科技创新资源配置、理顺我国科技创新体制机制等重大问题，但是其制定逻辑不再聚焦于特定创新主体的强激励属性，即通过产业政策、科技政策、金融政策和财税政策作用于特定创新主体，迅速实现某类创新主体的技术创新能力攀升，而更趋向于建构科技政策与经济政策、社会发展以及科技环境改善之间的协同耦合关系，更强调科技政策的政府能力与市场配置资源决定性作用的结合，更强调多政府部门间的协调与衔接，尤其是中央政府与地方政府在政策目标和政策执行上的协同，形成整体性政策合力，最终推动科技创新政策从强选择性转向功能性和普惠性，更好地发挥国家创新系统对经济、社会与环境发展的整体性和系统性功能。

第三节　共同富裕视野下的中国科技创新范式引领

共同富裕视野下，中国科技创新范式需立足以人为中心的核心逻辑，将"政府—企业—社会"三重主体纳入科技创新主体范畴中，基于公共创新范式打造创新公地（innovation commons）、基于企业社会责任创新范式打造企业与社会环境共生体，以及基于人民创新范式放大用户创新的综合价值空间，进而系统性地迈向后熊彼特主义下的科技创新范式。

一、政府层面：基于公共创新范式打造创新公地

不管是西方发达国家还是处于转型中的发展中国家，政府在科技创新中的地位和作用举足轻重。新古典经济学视野下市场被视为决定科技创新资源与要素配置的决定性因素，但是产生的各类市场失灵问题也依然依赖于政府这一公共主体通过提供公共产品与公共服务予以解决。在这一过程中，政府需要发挥"有形的手"的作用，基于有为政府的公共力量对社会创新资源与要素进行重新组合与重新配置。这一过程本质上是面向公共产品与公共服务领域的公共创新。即使在市场资源起决定性作用的私人创新领域，部分共性技术创新基础设施、技术创新融资条件以及相关正式制度依然依赖于政府这一公共创新主体。通过充分调动公共社会资源以及宏观调控市场主体的创新战略导向，引导创新资源集聚配置方向，实现公共社会领域的公共创新。政府主导的公共创新的场域主要是公共场域而非私人场域，其创新战略与价值导向更聚焦于公共价值与国家、社会利益，公共产品与服务创新供给领域。具体来看，其创新领域聚焦范围涉及具有国家战略性、安全性和公共社会性的产业以及产业共性技术供给领域，并在关系国家经济命脉的关键产业和关键企业中，通过各类科技政策、产业政策与财政税收政策更好地实现政府资源配置效应最大化。

近年来，随着国际竞争白热化以及"逆全球化"趋势的深化，部分发达国家对我国关键产业与未来产业的关键核心技术进行封锁与打压，造成我国部分产业出现严重的关键核心技术"卡脖子"问题。破解上述问题，需要政府发挥有为力量，对

涉及国家安全以及综合竞争力的关键产业提供政策供给和创新要素供给，甚至使新型举国体制的力量更好地与市场能力相融合，最终提高政府面向公共社会领域的创新能力。

在市场组织层面，公共创新范式的市场组织载体依然能够通过政府绝对控股或参股的国有企业与混合所有制企业实现，实现方式主要是通过国有企业与混合所有制企业打造"创新公地"。创新公地作为一种特殊的创新组织实现方式，能够在创意孵化、关键产业共性技术供给以及面向战略性竞争的未来产业培育与孵化等方面打造公共创新平台，成为创新的"策源地"，打造创新的公共知识平台，创造公共创新知识的溢出效应。创新公地的实现也可以依托国有企业与混合所有制企业，实现政府公共资源配置能力与市场力量的有效结合，最终创造公共社会价值与市场价值。

二、企业层面：基于企业社会责任创新范式打造企业与社会环境共生体

共同富裕的实现在微观层面主要依赖于企业发挥第三次分配功能。区别于第一次市场主导的按劳分配与按要素分配原则，以及第二次分配中政府主导的收入调节，共同富裕的有效实现更依赖以企业为市场主体和创新主体的第三次分配，即通过将企业作为价值创造载体，更大范围地激发企业家贡献社会的爱心和动力，推动企业创造真正意义上的共享价值，实现价值创造分配的共享效应。

从企业创新的角度看，共同富裕驱动企业创新战略导向的整体性变化，主要表现为企业创新价值导向不仅仅聚焦于市场

利润获取和股东价值最大化，还立足于企业所连接的多元利益相关方的价值诉求，通过更好地嵌入可持续创新理念，实现企业社会责任驱动的企业创新战略转型，为企业的多元利益相关方创造更高阶的综合价值和共享价值，打造以企业为连接主体的"市场—社会"共生体。具体表现为，企业创新过程更强调利益相关方的参与、支持和共创，创新的影响评估更强调企业对经济、社会与环境的综合贡献，创新价值分配更强调对多元利益相关方的共赢共益式分配。具体而言，需在企业层面强化企业社会责任创新。一方面，通过社会责任理念认知更好地嵌入传统企业创新体系中，推动市场逻辑主导的技术创新向更具社会责任导向的责任式创新、社会创新以及共益导向的共益型创新转型，全方位重塑企业创新的价值理念和创新过程。另一方面，推动企业更好地将企业社会责任议题融入社会与环境中，体现为企业更多地参与反贫困、社会治理、乡村振兴以及地区经济差距缩小的时代议题。企业社会责任创新依赖于企业家精神的系统性转型，即从市场导向的创新企业家精神转向社会价值驱动的社会企业家精神以及综合价值驱动的共益型企业家精神，并推动混合型组织范式创新实现混合价值创造的可持续性，着力于打造以共益企业为组织范式的企业社会责任实践组织创新，推动商业价值与社会环境价值创造导向的内生融合。

三、社会层面：基于人民创新范式放大用户创新的综合价值空间

中国特色社会主义的显著制度优势在于紧紧依靠人民以及以人民为中心。人民是历史的创造者，也是创新的发起者。共

同富裕目标的价值归宿主体依然是人民，即发展依靠人民、发展为了人民、发展成果由人民共享。这就决定了我国科技创新范式必须向以人民为中心的科技创新范式转型，突破传统用户创新、社群创新等狭义上的人民大众创新范式，真正实现创新战略导向为了人民、创新过程人民广泛参与以及创新价值与创新成果由人民共享。共同富裕背景下更需要激活人民群众参与创新的活力和潜力，形成真正意义上大众创业万众创新的创新创业格局，实现创新经验与创新知识共享、创新成果与价值共创共享。事实上，全体人民的智慧是集体智慧的集中体现，全体人民是社会主义制度条件下创新发展的重要源泉，也是寻找创新需求、挖掘创新场景以及实现创新价值捕获与价值创造的最为广泛的直接主体。基于人民的创新范式放大了传统用户创新驱动的研发设计以及价值共创过程，其创新主体来源的多样性、创新知识基础的多样性和丰富性、创新过程参与的广度和深度以及创新价值受益的普惠程度，都呈现出前所未有的系统性超越。从这个意义上，基于人民的创新范式实现了创新包容性与多样性并存，立足人民智慧提供集体智慧方案，在创新价值诉求方面无形之中兼顾了经济性与社会性的利益相关方，能够为经济与社会发展提供创新性解决方案。实质上，基于人民的创新范式在我国也得到了广泛运用，尤其是新型举国体制下基于"全国一盘棋"的战略部署实现特定创新领域的集体攻关突破便是人民智慧的直接体现，突发性公共危机领域的公共产品创新更彰显了新型举国体制下基于人民的创新范式的价值性和合理性。

第四节　共同富裕视野下中国科技创新范式创新的关键支撑体系

共同富裕视野下中国科技创新范式的创新与转型离不开政策体系的有效支撑。创新政策体系主要聚焦于三大层面——区域、产业和企业。通过"区域—产业—企业"创新政策体系，最大限度地缩小区域创新发展差距，更好地实现产业间的跨界合作与创新，强化大中小企业的价值共创与共享效应，在共同富裕视野下为真正意义上普惠式、包容性、开放合作式与共赢共益式的科技创新范式转型提供政策支持。

一、区域创新政策：构建区域创新要素共享与能力协同的区域创新政策体系

改革开放以来，我国通过制定和推进区域创新发展战略，实现了部分区域创新要素与资源的快速集聚，显著提高了部分区域的创新能力。尤其是在外向型经济体系下，我国珠三角地区、长三角地区以及京津冀地区成为区域创新体系中的引领者，我国形成了区域创新能力东强西弱的现实格局，区域创新差距逐步呈拉大趋势。21世纪以来，我国进入创新驱动的区域协调发展阶段。尤其是党的十八大以来，区域协调发展得到前所未有的重视。通过深入推进京津冀协同发展、东北振兴、中部崛起、西部大开发、长三角地区一体化发展、粤港澳大湾区建设、黄河流域生态保护和高质量发展以及成渝地区双城经济圈等区域创新发展战略，我国实现了创新要素在区域内部的

加速流动与协同配置。

共同富裕视野下，科技创新战略导向更加强调缩小地区创新差距和经济发展差距，更大程度地提高地区发展的均衡性。支撑共同富裕实现的区域科技创新政策体系也必然转向更高水平的区域协调创新政策体系，推动创新要素在区域间有效流动和协调共享，打造面向区域协调发展与区域一体化的共享型创新网络。具体而言，一体化的区域创新网络包括人才共享网络、知识共享网络以及技术扩散与共享网络，打破区域分割下的制度障碍，调动各类创新主体参与跨区域的创新要素整合与共享。区域创新政策体系构建的主要目标是实现区域创新协调发展。具体政策体系建设一方面继续深化推进区域协调发展战略，包括面向珠三角地区、长三角地区、东北地区、成渝地区以及黄河流域的区域协调发展战略；另一方面围绕构建区域创新平台、区域创新产业园区、区域创新孵化器以及区域创新走廊等加速政策落地，实现创新要素共享与能力协同，最终为实现共同富裕提供共享发展导向的创新成果。

二、产业创新政策：构建跨产业合作与深度赋能的产业创新政策体系

产业创新是支撑共同富裕实现中驱动产业高质量发展的关键。由于形成、发展与演化过程中嵌入的技术属性具有差异性，因此不同产业依赖科技创新驱动发展的贡献度具有明显的差异性。技术复杂度是刻画技术创新过程复杂程度的概念。总体上，从技术复杂度的视角，技术嵌入产业发展过程中会形成不同技术复杂度的产业形态，一般分为低技术产业和中高技术

产业。前者主要体现为劳动密集型产业，后者主要体现为资本密集型、知识密集型产业。高新技术产业以及战略性新兴产业、未来产业便是中高技术产业的主要体现。

共同富裕视野下，产业创新政策导向不仅仅强调面向不同产业间的协调共享发展，还包括广义上的第一产业、第二产业与第三产业协调发展，实现产业间的协同互补效应，如工业反哺农业、工业与服务业的深度融合发展，而且更强调同一产业内的细分产业即处于同一产业链的上下游企业之间的深度合作，使产业链内的要素充分流动与共享，真正意义上形成产业间协同与产业内协同的产业创新体系。产业创新政策的着力点应逐步从特定产业的强选择性激励导向，转向普惠意义上的产业共性基础设施建设以及产业创新公地建设，支持各类产业内创新主体的技术创新能力积累、跨界深度合作与跨界创新。产业创新政策尤其是要强化高新技术产业对中低技术产业的技术改造与技术扩散能力，弱化特定产业内的特定企业偏好。政策实施重点着力于优化产业发展的市场营商环境，着力打造面向产业间与产业内公平竞争的市场环境，以竞争中性为原则重塑产业创新竞争格局，完善新产业与新业态的新技术、新产品、新商业模式的准入机制和治理机制，进一步推动各类产业之间的创新资源整合与开放融合，打造更广泛意义上的、具有包容性的产业创新网络和产业创新生态系统。数字经济时代，数字智能技术以特有的开放性、包容性以及普惠性产生产业赋能效应。因此，在产业创新层面，应着重强化数字技术对产业发展的赋能效应，通过产业创新政策推进产业数字化转型，推动数字产业对传统产业深度赋能，具体可通过设立相应的产业数字化财税政策支持以及数字人才培养公共基金等方式，推动数字产业与传统产业深度融合发展，真正意义上实现产业数字化与数字产业化，实现实体经济与虚拟经济的创新发展，最终形成各类产业创新的协同共促局面。

三、企业创新政策：构建更加完善的融通创新政策体系

从企业的视角看，企业间创新合作是实现企业创新资源集聚和优化配置的重要方式，也是加快企业实现知识与技术吸收、整合与扩散的重要模式。但是，企业间合作往往具有高度不对称效应，如规模不对称、创新能力不对称以及创新市场优势不对称等。大企业与中小企业的合作创新便是立足不对称优势的互补协同型创新。在开放式创新环境下，中小企业能够获得更多的外部创新主体支撑和更为完善的创新环境。不同规模、不同资源禀赋、不同技术创新能力的企业在市场中形成不同的竞争优势与竞争地位。基于市场竞争逻辑，往往形成大企业对中小企业的创新资源挤占，以及在位企业的创新优势（市场资源优势、垄断势力等），中小企业在创新融资渠道、创新要素资源基础和创新市场基础等方面都难以与大企业媲美。更关键的是，长期以来偏离竞争中性原则的创新激励政策体系，在执行过程中以规模导向与产权导向为扶持选择重点，造成中小企业和民营企业的创新资源不足。

共同富裕视野下，政府在面向企业层面的创新政策导向上应构建更加完善的融通创新政策体系。着力构建不同规模、不同资源基础和不同创新能力的企业之间的要素融通机制，主要

体现为支撑科技创新的人才、知识、市场和数据等要素能够形成融合共享机制，即在协同价值共创的基础上进一步深化面向大中小企业的融通创新公共平台，鼓励大企业以所处产业链和创新链的链主地位，更好地带动上下游中小企业共同发展，真正意义上构建信息互通、人才共享以及市场渠道共同开发和创新成果共享的融通机制，着力持续培育"专精特新"中小企业、"小巨人"企业和单项冠军企业。

第三章　共同富裕视野下的
后熊彼特创新范式

共同富裕的实现离不开科技创新战略和科技创新体系的有效支撑，新发展阶段对科技创新范式提出了更高要求。熊彼特创新范式聚焦于企业家对创新的作用，新熊彼特创新范式强调国家和政府政策在推动创新系统性发展方面的重要作用，而后熊彼特创新范式则关注人民和人性对创新的影响。

习近平总书记在《扎实推动共同富裕》一文中指出，"要坚持在发展中保障和改善民生，把推动高质量发展放在首位，为人民提高受教育程度、增强发展能力创造更加普惠公平的条件，提升全社会人力资本和专业技能，提高就业创业能力，增强致富本领"。习近平总书记的重要论述为新发展阶段加快推动科技创新范式转型，更好发挥科技创新在推动共同富裕中的重要作用指明了方向，提供了行动指南。

第一节　后熊彼特创新范式的演进

当下创新已是社会发展的核心动力。在创新研究领域，范式对应的内容是"创新的实现过程"，包括创新的主体、创新的过程、创新的治理模式、创新体系等。创新范式对应内容的演进构成了创新范式的演进。基于创新主体的演变，创新范式

可分为熊彼特创新范式、新熊彼特创新范式和后熊彼特创新
范式。

一、熊彼特创新范式

熊彼特于20世纪初在《经济发展理论》（*Theory of
Economic Development*）一书中提出创新理论，又于20世纪
30—40年代相继在《经济周期》（*Business Cycles*）和《资本主
义、社会主义与民主》（*Capitlism，Socialism and Democracy*，
本书中提出了制度创新理论）两书中加以运用和发挥，形成了
以"创新理论"为基础的独特理论体系，总结了资本主义历史
演进中的创新进程。

在熊彼特打造的创新王国中，创新主体被称为"企业家"。
企业家成为市场开拓者，其强烈的机会寻求、创造动机和风险
偏好属性为资本主义的经济繁荣和市场发展奠定了基础。创新
的原动力在于企业家主导的企业家精神，基于企业家实现的新
的生产要素、新的模式方法以及新的技术条件实现创新。企业
家驱动的企业尤其是大企业成为市场创新的主要组织载体，且
大企业与小企业之间的创新竞争成为创新演化发展的重要支撑
条件。熊彼特倡导的创新理论也长期被视为创新经济学和创新
管理学的主流理论。熊彼特搭建的创新经济学与演化经济学框
架，在一定程度上解释了资本主义经济变迁与繁荣发展的内在
原因，但是对创新主体、创新范围以及创新形成制度环境的定
义过于狭隘。

由于熊彼特创新范式下将技术创新视为整体进行分析，并
未考虑技术、制度等发挥作用的方式，因此在熊彼特创新范式

下的创新主体视角存在一定局限性。无论是企业家创新，还是大企业创新，创新均集中在企业内部发生，并不涉及企业外部的其他主体。可以说，熊彼特创新范式是集中在企业内部的封闭式创新模式。也正是由于封闭式创新的活动主体均在企业内部，创新管理主要通过企业创新制度进行，即熊彼特创新范式下的创新治理模式为创新制度。

二、新熊彼特创新范式

企业家主导的科技创新范式被视为熊彼特主义创新，更强调企业家精神、科学家发现以及精英个体创造。在此范式下，科技创新局限于企业家的商业场域、科学家的个体学术场域和精英个体的私人场域，一定程度上割裂了个体与社会、商业与社会以及企业与国家之间的多重连接关系。

20 世纪 50 年代后，随着不断兴起的各种技术创新和科技革命，日益明显且作用突出的普遍创新现象使得经济学家无法继续漠视技术变迁这类问题，理论界重新对熊彼特的创新理论给予了关注。格哈特·门施（Gerhard Mensch）、克里斯多夫·弗里曼（Christopher Freeman）、理查德·N.纳尔逊（Richard N. Nelson）、内森·罗森博格（Nathan Rosenberg）和本特 – 雅克·伦德瓦尔（Bengt–Åke Lundvall）对熊彼特创新理论进行了完善、验证和发展，形成了"新熊彼特主义"（Neo–Schumpeterian，NS）。

与聚焦企业家和企业的熊彼特创新范式不同，新熊彼特创新范式以更广阔的中观与宏观视野看待创新主体，关注大学、科研机构、政府和国家等企业外部组织对创新的引导和协同作用。对应地，新熊彼特创新范式对创新主体的关注焦点从过去的企业家和企业转移到科学家与科技政策方面，并以创新系统思想为中心，衍生出国家创新体系、区域创新体系、产业创新体系以及企业创新体系等诸多理论，为更好地解释创新与制度、技术、产业以及企业的关系提供了新的理论框架。

新熊彼特创新范式是随着熊彼特创新理论在主流经济学失灵的背景下发展起来的，是聚焦社会各机构助力企业技术创新实现价值共创的创新模式。该范式在以企业为创新主体的基础上，扩充大学、科研机构、政府、国家等创新角色，对与之相关的技术、制度和模式等进行深入研究。新熊彼特创新范式以创新系统思想为中心。一方面，创新政策是保障创新活动的重要基础，基础研究和技术轨道等能够帮助企业家应对不确定性，为创新探索提供有益的指导；另一方面，创新政策能够超越产业政策和科技政策，为创新系统的构建、运作和管理提供资源供给、制度或法律支持等。因此，新熊彼特创新范式的治理模式是依靠创新政策实现的。

三、后熊彼特创新范式

随着知识时代和数字化时代的到来，非生产者创新逐渐兴起，生产者创新与非生产者创新的互动越发频繁，逐渐形成以非生产者为创新主体的后熊彼特创新范式。后熊彼特创新范式始于 20 世纪末，但大部分研究产生于 21 世纪。

后熊彼特创新范式进一步聚焦社会层面的创新主体，除了企业、大学、科研机构、国家和政府等，个体（用户、普通百姓等）也作为创新主体被重视。其中，颇具代表性的是用户创新理论，该理论奠定了后熊彼特创新范式下的创新理论。埃里克·冯·希普尔（Eric von Hippel）前瞻性地看到一种适应知识社会的，以用户为中心，以社会实践为舞台，以大众创新、共同创新和开放创新为特点的用户参与的创新形态，构建了一个知识社会条件下的创新大众化图景。

后熊彼特创新范式下的创新理论框架，强调创新主体突破单一的企业家和企业家精神，聚焦于市场用户、社区用户以及大众，创新过程更强调开放式创新下的知识捕获、知识吸收以及知识转移与整合，打造以企业为主导的多创新知识主体的企业创新生态系统。用户创新下的创新导向与创新过程更具社会融合属性，能够更加敏锐与及时地捕捉市场需求，实现企业生产驱动的创新与消费驱动的创新的相互融合，并在创新目的归属上更强调创新的社会意义以及所处社区的整体福利，而非聚焦熊彼特创新理论下的企业家个体经济价值或商业利益。因此，后熊彼特时代下的科技创新战略导向更趋向于公共社会视野，其创新要义不仅聚焦企业家个体层面或企业层面的经济价值最大化，还包括以科技创新服务于社会价值诉求；创新价值活动的来源主体不仅是企业家、科学家等知识主体，还包括用户、员工、工匠以及人民大众等多类经济性和社会性主体；企业创新过程更强调开放式环境下多元社会主体共同参与创新合作与价值共创，企业创新产品更具有公共意义和社会意义，从企业家精神驱动的个体自由型创新转向有组织的创新，最终实现创新模式迭代升级。

后熊彼特创新范式的重要特征是将广泛个体引入创新理论。从创新来源角度，强调普通百姓、创客等非生产者对创新的重要性；从创新结果角度，强调创新要关注广泛个体，包括个人的发展、社会福祉及生态保护等。创新主体的复杂性使得创新模式从边界清晰的创新系统向边界模糊且开放的创新生态演变。由于非生产者的创新在某种意义上是一种公益性创新，因此传统的治理方法并不适用，并且涉及更为复杂的安全、产权等问题，创新公地成为后熊彼特创新范式下的创新治理模式。

第二节　共同富裕视野下的后熊彼特创新范式转型

中国管理学发展的新趋势是探索共同富裕视野下的科技创新新范式。共同富裕战略深刻嵌套于新型国家创新体系中，对企业创新战略导向和创新范式选择产生重大影响。在共同富裕战略下，企业创新的逻辑起点逐步转向后熊彼特主义，体现为从企业家个体驱动的创新转向以用户创新、创客创新为主。更进一步，后熊彼特主义下的企业创新范式，在企业家精神层面需要从市场逻辑驱动的创业企业家精神转向共益型企业家精神，在组织创新使命层面需要从管理控制、效率至上转向赋权个体、知识创造转化。

一、转型基础——马克思创新思想

虽然马克思没有对创新直接下过定义，但是这并不会妨碍我们理解马克思的创新思想，因为概念分析或词语辨析往往只是人们进入某个理论的向导，而不是全面掌握某种理论的唯一通道。要真正理解和把握一种理论，必须从本质出发，考察理论形成的历史条件，沿着思想家的思想轨迹对整个思想体系进行全面审视，认真研读其著作，挖掘和提炼其相关论述，才可能解读准确。我们可以归纳出，马克思创新思想认为，创新本质上是现实的人有目的的创造性实践活动，表现为科学创新、技术创新和制度创新三大基本形式。

（一）创新的本质和特征

马克思认为，创新是现实的人有目的的创造性实践活动。通过这种创造性实践活动，人们不断破除与客观事物不相符合的旧观念和旧理论，发现客观事物的新属性、新联系和新规律，运用这些新属性、新联系和新规律创造出新技术和新发明，生产出新的物质产品、精神产品以及新的社会关系产品（如政策、法律和制度等），从而证明自己是有意识的类存在物。

创新具有四个基本特征。第一，创新的主体是现实的人。马克思认为，创新的主体是生活在一定社会历史条件和社会群体中的人，而不是抽象的、生物意义上的人。第二，创新是现实的人有目的的、有计划的、能动的实践活动。马克思强调创新主体的目的或目标的作用性，认为创新的方式、方法和意志由目的决定。这个目的是由特殊的人类需要引起的，包括生存的需要、享受的需要和发展的需要。因此，一切创新活动都必须以满足人的生存、享受和发展的需要，促进人的全面发展，造福人类为目的。第三，创新是一种创造性高级实践活动。马克思指出，创新是一种创造性实践活动，是人的创造天赋的绝对发挥，是人的自觉能动性的重要体现，是人的生命表现和本质特性。它不能脱离现实，必须依赖一定的物质条件和手段在一定的历史基础上进行。作为人类有目的的创造性实践活动，创新是主体面对新的状况从事一种前人未曾从事过的创造性活动。它比一般实践活动需要更多的知识和智慧，耗费的脑力劳动和时间也不一样，因此比一般实践活动要复杂得多、高级得多。第四，创新活动生产的产品具有确证创新者、生产者本质力量的价值。马克思认为，创新成果的价值不是单纯的经济价值，而是创新成果要能满足主体需要的属性并被主体消费，可以体现和确证主体的本质力量，促进主体的社会关系以及素质、潜能的充分与全面发展。

（二）创新的基本形式

马克思认为，人类的实践活动丰富多彩，其中基本的实践活动包括物质生产实践、社会关系生产实践和精神生产实践三类。物质生产实践是人类改造自然界以获取生存和发展所需物质生活资料的实践活动，反映了人与自然的关系，展示着人的自然本质。社会关系生产实践是人类协调各种错综复杂的社会关系、化解各种矛盾冲突、配置自然资源和社会资源、维护社会有序运行的实践活动，反映了人与人、人与社会的关系，体现着人的社会本质。精神生产实践是人类为了提高自身的综合素质，增强认识自然和改造自然，认识社会、适应和改造社会，认识自我、提升自我的整体能力的智力性活动。与三大实践相对应，创新具有科学创新、技术创新和制度创新三大基本形式。马克思论证了科学创新、技术创新和制度创新三者之间相互依存、相互促进、不可分割的辩证关系：科学创新可将科学知识转化为生产力，引发生产工具变革，从而推动生产关系的变革；技术创新决定制度创新，同时受制度创新的制约和影响。

二、价值遵循——共创共享的人民创新

2006年诺贝尔经济学奖获得者埃德蒙德·S.菲尔普斯（Edmund S. Phelps）认为，一个民族的繁荣取决于创新活动的广度和深度，认识到这一点具有重要意义。创新作为推动经济社会可持续发展的主要动力，是人类文明和发展历程中的一项重要活动。党的二十大报告提出，"坚持以人民为中心的发展思想。维护人民根本利益，增进民生福祉，不断实现发展为了人民、发展依靠人民、发展成果由人民共享，让现代化建设成果更多更公平惠及全体人民"[①]。坚持以人民为中心的发展思想，是习近平新时代中国特色社会主义思想的主线。科技创新要以惠民、全民共享为根本宗旨，把以人民为中心贯彻到科技创新活动中，做到创新活动由人民参与、创新成果由人民共享的新型科技创新范式，更好增进人民福祉，发展中国特色社会主义事业。

在熊彼特主义的视野下，企业家是创新主体，这使得创新资源更多地向所谓的企业家倾斜。但是，由于企业家通常难以克服道德风险，因此创新的倾向无益于广大民众，反而破坏了创新的合理性。为此，以公共创新和用户创新为主的非生产

---

① 习近平：《高举中国特色社会主义伟大旗帜　为全面建设社会主义现代化国家而团结奋斗——在中国共产党第二十次全国代表大会上的报告》，人民出版社2022年版，第27页。

者创新受到人们的关注，创新范式从熊彼特范式走向后熊彼特范式。由于越来越多的创新具有公共物品的性质，因此如何激励该类创新，从而促进全员创新、提升创新效率成为一个值得思考的问题。事实上，在熊彼特范式下的商业创新产生前，非生产者创新广泛存在于人类生活中。早期人类的生产生活大都以家庭为单位。后来，随着市场经济的发展，出于生产成本的考虑，逐渐产生了规模化生产。商品经济的产生带来了商业创新，商业创新的规模效应大大降低了创新成本，提高了创新效率。商业创新的不断发展进一步激发了消费者的多元化需求，但由于商业创新的主体并非用户，因此出现了创新背离消费者需求的现象。后来，人们逐渐意识到，创新的最终目的并非提升商业价值和经济利益，而是提升创新者本人的使用体验或所在社区的整体福利。

马克思把价值定义为凝结在商品中的人类劳动，劳动者创造了价值。创造价值的劳动来自广大工人阶级。毛泽东认为，中国共产党的群众路线是"从群众中来，到群众中去"，创新必须根植于劳动人民的实践经验。习近平总书记指出，"人民是历史的创造者"①。这些都与熊彼特经济学观点不同，认为创造价值的创新活动来源于广大人民群众，而不仅仅是熊彼特认为的企业家，创新实践者不仅包括企业家，还包括领先用户、传统工匠和普通劳动者。

人民智慧是中国创新发展的不竭动力和源泉，是社会主义市场经济下创新主体发挥积极性和能动性的重要体现。越来越

---

① 习近平：《在庆祝中国共产党成立 100 周年大会上的讲话》，人民出版社 2021 年版，第 9 页。

多的事实证明，人民不再在科技创新活动中扮演边缘角色，而是更多地参与科技创新知识生产过程中。与普通创新不同的是，人民创新更多是选择和优化解决问题的方案，寻找兼顾创新者和社会发展的解决方案。因此，在共同富裕视野下，激发全体人民参与创新活动、分享创新经验、共享创新成果，可使我国科技创新事业更富有社会主义的本质特征。

三、东方范式——建设新时代中国式创新型国家

党的十八大以来，以习近平同志为核心的党中央深入总结我国科技事业发展实践，观察大势、谋划全局、深化改革、全面发力，进行了重大理论创新和全面实践探索。2018 年 5 月，习近平总书记在中国科学院第十九次院士大会、中国工程院第十四次院士大会上的讲话中提出了"六个坚持"：在"谁来领导"方面"坚持党对科技事业的领导"；在"战略目标"方面"坚持建设世界科技强国的奋斗目标"；在"实现路径"方面"坚持走中国特色自主创新道路"；在"如何驱动创新"方面"坚持以深化改革激发创新活力"；在"谁来创新"方面"坚持创新驱动实质是人才驱动"；在"创新生态"方面"坚持融入全球科技创新网络"[①]。2021 年 5 月，习近平总书记在中国科学院第二十次院士大会、中国工程院第十五次院士大会、中国科协第十次全国代表大会上指出："立足新发展阶段、贯彻新发展理念、构建新发展格局、推动高质量发展"；"打通从科技强

---

① 参见习近平：《在中国科学院第十九次院士大会、中国工程院第十四次院士大会上的讲话》，人民出版社 2018 年版，第 2—3 页。

到企业强、产业强、经济强的通道"①。

（一）党的领导，坚持创新强国方向

2018 年 5 月，习近平总书记在两院院士大会上指出，"我们坚持党对科技事业的领导，健全党对科技工作的领导体制，发挥党的领导政治优势，深化对创新发展规律、科技管理规律、人才成长规律的认识，抓重大、抓尖端、抓基础，为我国科技事业发展提供了坚强政治保证"②。党的二十大报告进一步指出，"完善党中央对科技工作统一领导的体制，健全新型举国体制"③。本部分主要从"抓重大、抓尖端、抓基础"三个方面，梳理中国式创新型国家理论在党的领导方面的主要特征。

一是抓重大，把握科技自立自强方向。"抓重大"具体包括三个方面。首先，研判重点问题。党的十八大以来，以习近平同志为核心的党中央紧紧把握中国特色社会主义经济发展道路的重大问题和核心要求，扎实推动理论创新、实践创新、制度创新和文化创新等。其次，制定重大战略。准确判断所处历史阶段和深入总结我国科技事业发展实践，观察大势，谋划全局，制定全面建设社会主义现代化国家的重大战略，并持之以恒全力推进。最后，争取伟大成就。党领导人民自信

---

① 习近平：《在中国科学院第二十次院士大会、中国工程院第十五次院士大会、中国科协第十次全国代表大会上的讲话》，人民出版社 2021 年版，第 8、12 页。

② 习近平：《在中国科学院第十九次院士大会、中国工程院第十四次院士大会上的讲话》，人民出版社 2018 年版，第 2 页。

③ 习近平：《高举中国特色社会主义伟大旗帜 为全面建设社会主义现代化国家而团结奋斗——在中国共产党第二十次全国代表大会上的报告》，人民出版社 2022 年版，第 35 页。

自强、守正创新，创造了新时代中国特色社会主义的伟大成就，归根结底在于习近平新时代中国特色社会主义思想的科学指导。

二是抓尖端，推动关键核心技术突破。"抓尖端"具体包括三个方面。首先，抓领军人才。党的十八大以来，坚持党管人才，深化人才发展体制机制改革，全方位培养、引进、用好创新领军人才。党的二十大报告进一步指出，"加快建设国家战略人才力量，努力培养造就更多大师、战略科学家、一流科技领军人才和创新团队、青年科技人才、卓越工程师、大国工匠、高技能人才"[①]。其次，抓尖端科技。立足新发展阶段，贯彻新发展理念，构建新发展格局，健全新型举国体制，推动关键核心技术突破。党的二十大报告提出，"以国家战略需求为导向，集聚力量进行原创性引领性科技攻关，坚决打赢关键核心技术攻坚战"[②]。最后，抓尖端项目。消除"卡脖子"问题，打造"杀手锏"技术，加快建设世界重要人才中心和创新高地，推动经济高质量发展。党的二十大报告提出，"加快实施一批具有战略性全局性前瞻性的国家重大科技项目，增强自主创新能力"[③]。

---

① 习近平:《高举中国特色社会主义伟大旗帜 为全面建设社会主义现代化国家而团结奋斗——在中国共产党第二十次全国代表大会上的报告》，人民出版社2022年版，第36页。

② 习近平:《高举中国特色社会主义伟大旗帜 为全面建设社会主义现代化国家而团结奋斗——在中国共产党第二十次全国代表大会上的报告》，人民出版社2022年版，第35页。

③ 习近平:《高举中国特色社会主义伟大旗帜 为全面建设社会主义现代化国家而团结奋斗——在中国共产党第二十次全国代表大会上的报告》，人民出版社2022年版，第35页。

三是抓基础，凝聚国家战略科技力量。"抓基础"具体包括三个方面。首先，抓意识形态。抓意识形态，营造守正创新的学术和文化氛围，广泛凝聚社会共识，铸造科技向善的创新理念，是建设中国式创新型国家的思想保证。2018 年 8 月，习近平总书记在全国宣传思想工作会议上强调，要"旗帜鲜明坚持党管宣传、党管意识形态"[①]。他在党的二十大会议上进一步强调，要"培育创新文化，弘扬科学家精神，涵养优良学风，营造创新氛围"[②]。其次，抓创新生态。党的二十大报告指出，"优化国家科研机构、高水平研究型大学、科技领军企业定位和布局，形成国家实验室体系，统筹推进国际科技创新中心、区域科技创新中心建设，加强科技基础能力建设，强化科技战略咨询，提升国家创新体系整体效能"[③]，"扩大国际科技交流合作，加强国际化科研环境建设，形成具有全球竞争力的开放创新生态"[④]。全面把握新一轮科技革命与产业变革机遇，强化基础研究和前沿技术策源功能，全面布局国家实验室建设，重塑国家重点实验室体系；盘活国家科研院所和高校的存量，优化国家创新体系的功能和结构；参与全球科技治理，以全球

[①] 《习近平：举旗帜聚民心育新人兴文化展形象 更好完成新形势下宣传思想工作使命任务》，2018 年 8 月 23 日，见 http://jhsjk.people.cn/article/30245212。

[②] 习近平：《高举中国特色社会主义伟大旗帜 为全面建设社会主义现代化国家而团结奋斗——在中国共产党第二十次全国代表大会上的报告》，人民出版社 2022 年版，第 35 页。

[③] 习近平：《高举中国特色社会主义伟大旗帜 为全面建设社会主义现代化国家而团结奋斗——在中国共产党第二十次全国代表大会上的报告》，人民出版社 2022 年版，第 35 页。

[④] 习近平：《高举中国特色社会主义伟大旗帜 为全面建设社会主义现代化国家而团结奋斗——在中国共产党第二十次全国代表大会上的报告》，人民出版社 2022 年版，第 35 页。

视野谋划和推动创新，积极融入全球创新网络。最后，抓市场业态。引导市场体制改革，构建统一开放、治理有序、自由流动的市场业态，发挥市场在要素配置中的决定性作用，激发各类主体的创新活力。

（二）政府有为，激发创新活力

2016年5月，习近平总书记在全国科技创新大会、中国科学院第十八次院士大会和中国工程院第十三次院士大会、中国科协第九次全国代表大会上指出，"政府科技管理部门要抓战略、抓规划、抓政策、抓服务，发挥国家战略科技力量建制化优势"[①]。2021年5月，习近平总书记在中国科学院第二十次院士大会、中国工程院第十五次院士大会、中国科协第十次全国代表大会上，将科技管理的定位由"抓战略、抓规划、抓政策、抓服务"调整为"抓战略、抓改革、抓规划、抓服务"[②]，体现出规划和政策要服务战略、服务改革、服务实践的总体思路。

一是需求导向"抓战略"。"抓战略"就是牢牢把握建设世界科技强国、跻身世界创新型国家前列的战略目标，坚持创新在我国现代化建设全局中的核心地位，把科技自立自强作为国家发展的战略支撑。党的二十大报告再次强调，"坚持创新

---

① 习近平：《为建设世界科技强国而奋斗——在全国科技创新大会、两院院士大会、中国科协第九次全国代表大会上的讲话》，人民出版社2016年版，第18页。

② 习近平：《在中国科学院第二十次院士大会、中国工程院第十五次院士大会、中国科协第十次全国代表大会上的讲话》，人民出版社2021年版，第14页。

在我国现代化建设全局中的核心地位"①。"抓战略",要发挥党
"抓重大"的政治领导优势,以国家重大战略需求为导向,在
事关发展全局和国家安全的战略性、关键性领域,前瞻部署战
略性技术研发项目,依托国家战略科技力量,实施战略性科学
计划和技术工程,着力解决制约国家发展全局和影响长远利益
的重大科技问题。

二是问题导向"抓改革"。"抓改革"就是坚持问题导向,
从科技体制改革和经济社会领域改革两个方面同步发力,破除
一切制约科技创新的思想障碍和制度藩篱,形成支持全面创新
的基础制度,提升创新体系效能。2014—2021 年,习近平总
书记在历次两院院士大会上均对深化科技体制改革作出了重要
论述和专门部署。2015 年 8 月,中共中央办公厅、国务院办
公厅印发《深化科技体制改革实施方案》,全面推动科技体制
改革。党的二十大报告再次强调,"深化科技体制改革,深化
科技评价改革"②。在科技体制上"抓改革",健全社会主义市场
经济条件下的新型举国体制,形成科技创新体制和新型举国体
制二元支撑结构;在创新机制上"抓改革",优化"市场—创
新—政策"三维传动模型。

三是目标导向"抓规划"。"抓规划"就是根据建设世界科
技强国的总目标,按照经济规律、科技创新规律,制定总目

---

① 习近平:《高举中国特色社会主义伟大旗帜 为全面建设社会主义现代化
国家而团结奋斗——在中国共产党第二十次全国代表大会上的报告》,人民出版社
2022 年版,第 35 页。
② 习近平:《高举中国特色社会主义伟大旗帜 为全面建设社会主义现代化
国家而团结奋斗——在中国共产党第二十次全国代表大会上的报告》,人民出版社
2022 年版,第 35 页。

标的实现步骤和重大措施，将长远目标与近期任务紧密结合。"十四五"规划明确了到 2035 年"关键核心技术实现重大突破，进入创新型国家前列"的目标任务，部署了四个方面的重要内容，即"强化国家战略科技力量""提升企业技术创新能力""激发人才创新活力""完善科技创新体制机制"[①]。

四是创新导向"抓服务"。"抓服务"就是要扭转管钱、管物、管项目的惯性思维，强化科技创新综合服务的意识，为科学研究、技术开发和技术创新发展等各类科技创新活动清障搭台。创新驱动实质是人才驱动，人才是创新的第一资源。我国要实现高水平科技自立自强，归根结底要靠高水平创新人才。世界科技强国必须能够在全球范围内吸引人才、留住人才、用好人才。因此，"抓服务"的关键是抓好创新人才的服务工作，营造有利于人才成长的培养机制、有利于人尽其才的使用机制、有利于竞相成长各展其能的激励机制、有利于各类人才脱颖而出的竞争机制，目标是形成"天下英才聚神州、万类霜天竞自由"的创新局面。

（三）市场有效，重构循环格局

党的十八届三中全会站在新的历史起点，发布了《中共中央关于全面深化改革若干重大问题的决定》，提出"建设统一开放、竞争有序的市场体系，是使市场在资源配置中起决定

[①] 参见《中华人民共和国国民经济和社会发展第十四个五年规划和 2035 年远景目标纲要》，人民出版社 2021 年版。

性作用的基础"①。党的十九届五中全会进一步提出,"加快构建以国内大循环为主体、国内国际双循环相互促进的新发展格局"②。习近平总书记特别强调,"新发展格局不是封闭的国内循环,而是开放的国内国际双循环"③。

一是坚持统一开放,发挥大市场新优势。构建新发展格局是以全国统一大市场基础上的国内大循环为主体,不要各地都搞自我小循环,引导各地区找准自己在国内大循环和国内国际双循环中的位置和比较优势,积极探索有利于促进全国构建新发展格局的有效路径。以国内大循环为主体,国内国际双循环相互促进的新发展格局,旨在发挥内需市场潜力,更好利用国内国际两个市场、两种资源,实施更大范围、更宽领域、更深层次的对外开放,扩大创新产品的国内国际两个市场空间,激发科技创新的投资研发动力,推动更加强劲的可持续发展。

二是坚持竞争有序,激发全社会创造力。竞争有序的关键是理顺政府与市场的关系,发挥市场竞争定价机制的作用。创新产品市场和创新要素配置市场是决定创新成败的重要因素。建立公平开放透明的市场规则,完善主要由市场决定价格的竞争机制;实行"负面清单"管理模式,实施统一的市场准入制度;推动要素市场化配置改革,完善金融市场体系,深化科技体制改革。这些对于创新产品市场化公平竞争和创新要素市场

---

① 《中共中央关于全面深化改革若干重大问题的决定》,人民出版社 2013 年版,第 11 页。

② 《中国共产党第十九届中央委员会第五次全体会议公报》,人民出版社 2020 年版,第 10 页。

③ 习近平:《在深圳经济特区建立 40 周年庆祝大会上的讲话》,人民出版社 2020 年版,第 9—10 页。

化自由配置具有非常重要的支撑作用。

三是坚持自主流动，提高要素配置效率。人才、资金、知识、技术和数据等创新要素是实现创新的必要资源。党的十八届三中全会通过的《中共中央关于全面深化改革若干重大问题的决定》中提出，"必须加快形成企业自主经营、公平竞争，消费者自由选择、自主消费，商品和要素自由流动、平等交换的现代市场体系，着力清除市场壁垒，提高资源配置效率和公平性"①。2020年4月，中共中央、国务院联合颁布《关于构建更加完善的要素市场化配置体制机制的意见》，就土地、劳动、资本、技术、数据、知识、管理七大生产要素提出了具有里程碑意义的市场化改革举措。

（四）企业主导，强化创新生态

党的二十大报告强调，"加强企业主导的产学研深度融合，强化目标导向，提高科技成果转化和产业化水平。强化企业科技创新主体地位，发挥科技型骨干企业引领支撑作用，营造有利于科技型中小微企业成长的良好环境，推动创新链产业链资金链人才链深度融合"②。要加快创新成果转化应用，彻底打通关卡，破解实现技术突破、产品制造、市场模式、产业发展"一条龙"转化的瓶颈。企业是创新主体，通过创新实现价值创造，归根结底离不开商业化的阶段。所以，能否切实发挥企

---

① 《中共中央关于全面深化改革若干重大问题的决定》，人民出版社2013年版，第11—12页。

② 习近平：《高举中国特色社会主义伟大旗帜 为全面建设社会主义现代化国家而团结奋斗——在中国共产党第二十次全国代表大会上的报告》，人民出版社2022年版，第35—36页。

业的主导作用直接决定了创新系统生态共生质量的高低。

一是坚持以企业为主体，围绕创新链布局产业链。党的十八届三中全会特别强调，要围绕创新链布局产业链。科技研究成果，如果没有企业参与、没有企业家不屈不挠创业精神的坚持，往往很难跨越从技术到产品再到商业化的"达尔文之海"。但是，目前在位企业的企业文化、成本导向、组织架构和薪酬制度等都无法满足创新要素配置和创新能力发挥的现实需要。于是，公司创业、形成二元结构、开展探索性和挖掘性二元学习、形成渐进性创新和颠覆性创新二元能力，成为重要的实践经验。

二是加强产学研合作，围绕产业链布局创新链。产学研合作一直是国家创新体系的核心枢纽，面向产业链提供创新综合服务是其主要模式，最主要的经验是实现知识生产、知识流通、知识利用的三角循环。其中，技术转移转化、创新服务综合体、科技特派员等制度，围绕产业集群提供全面的个性化服务，积累了大量实践经验。

三是坚持国际化道路，融入全球创新链、产业链。基础设施、联合研究、国际组织和人才培养是科技开放合作的重要载体。基础设施的硬联通和规制标准的软联通等国际互联互通，催生了包括数字技术、网络技术的应用场景。联合研究有助于破解技术瓶颈。科技开放合作为解决"一带一路"沿线国家和地区面临的共性问题提供了新途径，在全球疫情防控和公共卫生、环境保护和气候变化、脱贫等方面积累了大量经验。北京、上海、深圳等地建立了不同层次的国际科技创新中心，加强中欧、中阿、中非、东盟等"一带一路"沿线国家和地区的科技创新合作，不仅培养了大量科技人才，而且在促进政策沟通、设施联通、贸易畅通、资金融通和民心相通等方面发挥了重要作用。

（五）创新有道，提升创新能力

一方面，坚持守正固本、稳中有进、科技向善、革故鼎新，处理好稳定安全与创新发展的关系，加快实现高水平科技自立自强；另一方面，尊重科技创新客观规律，贯彻新发展理念，不断完善和发展中国式创新型国家理论。

一是坚持守正创新，兼顾好科技向善与自主创新的关系。守正创新，是中国式创新型国家最显著的特点，是实现经济可持续发展和社会长期稳定的经验法宝。习近平总书记指出："科技是发展的利器，也可能成为风险的源头。要前瞻研判科技发展带来的规则冲突、社会风险、伦理挑战，完善相关法律法规、伦理审查规则及监管框架。要深度参与全球科技治理，贡献中国智慧，塑造科技向善的文化理念，让科技更好增进人类福祉，让中国科技为推动构建人类命运共同体作出更大贡献！"[①]

二是坚持自主创新，处理好自主创新与开放创新的关系。坚持自主创新的目的是推动科技自立自强，掌握发展主动权。自主创新道路是全面开放、博采众长的学习道路。创新是要素的重组过程，创新要素集成的广度、深度和耦合度是决定创新质量的关键性因素。构建以国内大循环为主体、国内国际双循

---

① 习近平：《在中国科学院第二十次院士大会、中国工程院第十五次院士大会、中国科协第十次全国代表大会上的讲话》，人民出版社 2021 年版，第 15 页。

环相互促进的新发展格局，需要扩大创新要素的配置规模、优化创新要素的配置结构和提高创新要素的配置效率，推动经济发展的动力变革、效率变革和质量变革。

三是坚持融通创新，协同好渐进性创新与颠覆性创新的关系。渐进性创新是基于连续技术提升产品、工艺和服务质量的主要模式；颠覆性创新是基于不连续技术创造技术范式和市场范式变革的主要模式。通过融通创新实现跨文化、跨区域、跨学科、跨专业、跨组织的互联互通，核心作用就是通过互联互通实现渐进性创新和颠覆性创新的协同推进，从而优化产业结构和区域结构。

（六）数字赋能，挖掘创新潜力

物联网、大数据和人工智能等是未来创新的最大变量。我国实施新型基础设施建设计划，推动数字产业化、产业数字化和场景智慧化，着力建设数字中国、网络强国、智慧社会，培育可持续创新潜力。

一是数字产业化，推动新兴产业创新发展。2020 年 11 月通过的《中共中央关于制定国民经济和社会发展第十四个五年规划和二〇三五年远景目标的建议》中指出，"发展数字经济，推进数字产业化和产业数字化，推动数字经济和实体经济深度融合，打造具有国际竞争力的数字产业集群"①。大力发展以大数据、云计算和人工智能等新一代信息技术为基础的数字实体经济，是数字产业化发展的主要经验。大力培育芯片、关键元

---

① 《〈中共中央关于制定国民经济和社会发展第十四个五年规划和二〇三五年远景目标的建议〉辅导读本》，人民出版社 2020 年版，第 29 页。

器件等领域的"专精特新"企业，大力培育复杂信息系统的领军企业，大力扶持信息软件企业，大力扶持数据要素配置服务企业，打造数字经济形态下的实体经济，推动经济体系结构优化升级。软件现代化、硬件现代化、服务现代化是数字产业化的基本特征。

二是产业数字化，赋能传统产业转型升级。《中共中央关于制定国民经济和社会发展第十四个五年规划和二〇三五年远景目标的建议》提出，"推动互联网、大数据、人工智能等同各产业深度融合，推动先进制造业集群发展，构建一批各具特色、优势互补、结构合理的战略性新兴产业增长引擎"①。这为数字经济和实体经济深度融合厘清了思路，明确了路径。推动数字经济与实体经济深度融合，促进互联互通和融通创新，通过智能化、协同化的新生产方式对实体经济进行改造升级，全面提高实体经济的质量、效益和竞争力。设计数字化、制造智能化、服务网络化和管理信息化是产业数字化的基本特征。

三是场景智慧化，培育新业态、新模式、新产业。2020年4月，中共中央、国务院印发《关于构建更加完善的要素市场化配置体制机制的意见》，提出加快完善数据要素市场化配置机制。随着新型基础设施建设的大力推进，我国已建成5G基站超过115万个，占全球70%以上，是全球规模最大、技术最先进的5G独立组网网络②，推动了城市大脑、智慧交通、

①《〈中共中央关于制定国民经济和社会发展第十四个五年规划和二〇三五年远景目标的建议〉辅导读本》，人民出版社2020年版，第28页。

②《占全球70%以上！我国已建成5G基站超115万个》，2021年11月17日，见 https://baijiahao.baidu.com/s?id=1716633582892939715&wfr=spider&for=pc。

远程医疗、移动支付和共享经济等新应用场景的涌现，为科技创新提供了广阔的市场空间。数字基建、智能场景和数字治理是场景智慧化的基本特征。

创新范式篇·共同富裕视野下的科技创新范式

第四章 共同富裕视野下欠发达 地区的科技创新范式

2016 年 7 月，习近平总书记在宁夏考察时指出，越是欠发达地区，越需要实施创新驱动发展战略。[①] 如何通过创新实现包容性增长，已成为全球发展中国家的政策要点。金字塔底部（bottom of pyramid，BoP）创新是从企业盈利与社会发展的角度关注低收入人群的创新活动，通过商业的变革和创新解决社会贫困问题的同时，获取优质的市场回报。而发展中国家如何在坚持农民主体地位的基本原则下，探索一条反贫困的乡村振兴之路，更是一个关系国计民生的根本问题，决定了共同富裕战略目标的实现。本章聚焦包容性创新、BoP 创新和反贫困创新三个范式，阐述共同富裕视野下欠发达地区的科技创新范式。

第一节 我国欠发达地区的创新发展

创新发展需要资金、人才、基础设施、技术等要素的支持。由于欠发达地区往往处于较偏远和封闭的地理区位，受交通不便、教育落后和文化封闭等因素的影响，因此区域创新发展举步维艰。这导致欠发达地区往往对创新发展的重要性认识

①　《习近平在宁夏考察时强调：解放思想真抓实干奋力前进 确保与全国同步建成全面小康社会》，《人民日报》2016 年 7 月 21 日。

不足，缺乏重视创新的文化氛围。相比经济总量、人均收入水平、建设能力、积累能力和发展能力较强的发达地区，欠发达地区的创新意识、创新能力和创新体制机制都有待完善和健全。

一、我国欠发达地区的分布与发展现状

目前我国对欠发达地区并没有明确界定，欠发达地区只是一个相对概念，是与发达地区相对而言的。欠发达地区往往具有经济总量小、收入水平低、科技水平不发达、生产力发展不平衡、城乡"二元结构"矛盾突出等特点。同时，在工业化、信息化、城镇化和农业现代化的发展水平上，欠发达地区多存在"四化"滞后的现状——这背后是政府职能转变、体制转型和观念转变等多维度的滞后。

以区域为单位看。根据目前我国统计中的区域划分，我国分为东部地区、中部地区、西部地区和东北地区四大区域。其中：东部地区包括北京、上海、天津、浙江、江苏、福建、山东、河北、广东和海南 10 省（市）；中部地区包括湖南、湖北、安徽、山西、河南和江西 6 省；西部地区包括内蒙古、广西、重庆、四川、贵州、云南、西藏、陕西、甘肃、青海、宁夏和新疆 12 省（区、市）；东北地区包括辽宁、吉林和黑龙江 3 省。2020 年东部地区以 525752 亿元的地区生产总值位居第一，中部地区位居第二（地区生产总值为 222246 亿元），西部地区位居第三（地区生产总值是 213292 亿元），东北地区位居最末（地区生产总值为 51125 亿元）。[①] 可见，四大区域的地区

[①] 《中华人民共和国 2020 年国民经济和社会发展统计公报》，2021 年 2 月 28 日，见 https://www.gov.cn/xinwen/2021-02/28/content_5589283.htm。

生产总值存在较大差距，西部地区不到东部地区的二分之一。

以县域为单位看。中国社会科学院财经战略研究院与《华夏时报》共同发布的《中国县域经济发展报告（2020）》[①]显示，2020 年全国综合竞争力百强县（市）呈分布高度集中的特点。通过对比分析全国近 2000 个县域经济单元，结合经济规模、规模以上工业企业数、地方公共财政收入和区域竞争地位等指标，选出了具有更强经济实力、经济竞争力和投资潜力的百强县。其中，苏浙两省的百强县（市）数量为 47 席。此外，即便同属百强县，在经济规模、公共财政收入等方面也存在很大差距，百强县与非百强县的差距更大。可见，我国县域间的不平衡发展较为显著。

二、我国欠发达地区创新的新环境与现实意义

脱贫攻坚的胜利为欠发达地区带来了创新发展的新环境，在经济、政治、文化和生态文明等方面取得了明显成效，奠定了进一步创新发展的良好基础，如提升乡村治理能力、极大改善农村生产生活条件、提高农村公共服务水平等。在这一过程中，积累了许多有益、有效的理论经验和实践经验，为实现欠发达地区通过坚持党的领导、调动各方形成合力、坚持依靠人民群众等实现创新发展提供了重要借鉴与宝贵经验，从提升治理能力、提高经济水平、加强金融支持、发展教育、培育人才、优化产业发展和保护生态环境等方面，为欠发达地区进一步开展并持续进行创新发展提供了支持与借鉴。

---

① 《〈中国县域经济发展报告（2020）〉暨全国百强县区报告发布》，2020 年 12 月 23 日，见 http://naes.cssn.cn/cj_zwz/cg/yjbg/zgxyjjfzbg/202012/t20201223_5235779.shtml。

随着进入新发展阶段，我国社会主要矛盾发生变化。欠发达地区的创新不仅仅是对新发展理念的贯彻，更是解决当前我国发展不平衡不充分问题的重要途径。推动欠发达地区实现高质量发展，有利于促进资源要素的合理配置，实现从资源依赖的粗放式发展到科学开发利用区域资源的转变，走出一条经济发展与环境保护并行的可持续发展道路，落实从脱贫攻坚到乡村振兴的衔接要求，实现以工促农、以城带乡，创新农村三次产业融合发展，助力共同富裕目标与人的全面发展的目标的最终实现。

第二节　我国欠发达地区的包容性创新

包容性创新的最初定义是指利用科学、技术和创新诀窍以解决低收入群体的需求。一方面，针对低收入群体的特定需求开展创新活动，使他们能够获得并享受创新成果；另一方面，低收入群体亲自参与、推动、实施具体的创新活动，即"草根创新"（grassroots innovation）。尽管我国政府从未在官方文件中提到包容性创新，但在政策导向上已从主要关注科技对经济发展的支撑引领作用开始拓展到关注包容性创新。

一、包容性创新的内涵

包容性创新概念是经济学、管理学和社会学等多学科的交叉融合，其理论渊源来自包容性增长（inclusive growth）和BoP战略。

包容性增长概念由亚洲开发银行于 2007 年提出，强调经济增长的巨大益处要惠及所有民众，实现机会平等和公平参与。如今这一思想已成为联合国开发计划署（United Nations Development Programme）、世界银行（World Bank）等国际机构的重要核心指导思想。包容性增长思想认为，在通过经济增长在创造就业、增加社会财富的同时，应注重关注贫困地区人群，在追求GDP的提高之外应关注贫困地区人群的机会不平等问题，尽可能降低和消除个人成长背景、区域环境差异等带来的不平等和不公平，以社会公平的发展理念促进经济增长。基于此，应相应地转变创新系统建设，使之成为既推动经济增长又解决社会问题和环境问题的重要机制。

BoP战略由C. K.普拉哈拉德（C. K. Prahalad）在《金字塔底层的财富》（*The Fortune at the Bottom of the Pyramid*）一书中提出。BoP群体生活在经济与社会金字塔底部，是正规市场经济体系中被长期忽视和排斥的群体。但是，BoP群体其实蕴藏着巨大的商业潜能，既可以作为创新的生产者，也能够成为创新的消费者。BoP市场自身能够构成创新的推动力和机会来源，是具有巨大商业潜力的新兴市场。而BoP群体作为生产者乃至价值共创者，蕴含着巨大的创新积极性和能力，但由于缺乏相关的制度和经济支持等因素，其潜力没有得到完全激发和释放。

理解包容性创新的内涵需要厘清"增长"的含义、"创新"的主体和方法以及两者的关系。就创新目的而言，包容性创新是要通过创新实现包容性增长；就创新主体而言，包容性创新需要充分发挥BoP群体作为创新主体的价值共创与共享作用；就创新意义而言，相较于传统创新理论，包容性创新是"为了减少贫困"的创新，也是"与贫困人群需求最直接相关的"创新，需要公共部门、社会组织等进行跨领域合作与组织，使包括 BoP 人群在内的更多利益相关者被纳入和参与创新过程中，推动更广泛的草根人群努力参与创新活动，激发其市场角色认知和创新创业精神。

包容性创新具有创新思维系统性、创新形式多样性、创新过程开放性、创新机制独特性和创新结果可持续性等特征①。由于包容性创新针对的市场和人群都来自 BoP，因此它面临的环境具有较高的不确定性和复杂性。BoP 市场中，基础设施不健全，缺乏明晰的产权和完备的法律制度；BoP 群体中，大部分都是低收入、低教育程度的人群。因此，需要系统思考 BoP 市场中的多元化需求和多样性组成，使创新过程不仅能够尊重 BoP 群体的主体性，而且能够包容 BoP 市场的脆弱性，实现经济、社会和生态的可持续发展。

二、我国欠发达地区的包容性创新实践案例

包容性创新在中国有着丰富的实践基础。我国在通过包容性创新促进民生改善、农业和农村发展、区域发展、产业发展、中小企业成长以及草根创新方面开展了大量的实践活动。其中，以科技产业带动农业发展，搭建创新创业载体平台，培育数字化脱贫产业，防止贫困地区返贫，缩小城乡收入差距，开展科技扶贫助农活动等，符合我国以科技创新推动共同富裕的目标，也是解决"三农"问题、振兴乡村的新出路。信息时

---

① 邢小强、周江华、仝允桓：《包容性创新：概念、特征与关键成功因素》，《科学学研究》2013 年第 6 期。

代的到来，特别是基于互联网的电子商务的迅猛发展，为我国农民这一典型的 BoP 群体打开了一条全新的脱贫之路。其中，"淘宝村"的诞生和发展，便是我国欠发达地区包容性创新的生动实践。"淘宝村"的包容性创新模式在欠发达地区落地生根、渗透生长，并呈集群化发展态势，在推动乡村振兴、共同富裕的过程中发挥着重要作用。

"淘宝村"指一种网络商业群聚现象。在我国广大农村地区的村落中聚集着大量网商，他们或进行商品售卖，或进行商品打包。这些业务相似或互补的网商在村落这一地理空间内呈现出以淘宝电商生态系统为依托、形成规模效应和协同效应的网络商业群聚现象。根据阿里研究院的定义[①]，"淘宝村"的认定标准主要包括：①经营场所在农村地区，以行政村为单元；②电子商务年交易额达到 1000 万元；③本村活跃网店数量达到 100 家，或活跃网店数量达到当地家庭户数的 10%。在一个乡镇或街道，若"淘宝村"数量大于或等于 3 个，则形成"淘宝镇"；在一个区、县或县级市，10 个或以上"淘宝村"相邻发展构成集群，则形成"淘宝村集群"。

根据阿里研究院的统计数据，我国"淘宝村"的数量从 2009 年的 3 个增加到 2021 年全国 28 个省（自治区、直辖市）的 7023 个，连续第四年增量保持在 1000 个以上。同时，"淘宝村"集群化发展态势显著。全国"淘宝村集群"所含"淘宝村"数量占全国总数的比例再上新高，从 2020 年的 76% 上升到 83%。2021 年，全国"淘宝村集群"达到 151 个，其中

---

① 阿里研究院：《1% 的改变——2020 中国淘宝村研究报告》，阿里研究院，2020 年。

"大型淘宝村集群"（"淘宝村"数量达到或超过 30 个）达到 65
个，"超大型淘宝村集群"（"淘宝村"数量达到或超过 100 个）
达到 12 个。

每个"淘宝村"都有自己的生成逻辑[①]。既有由农民网商自
发驱动形成的"淘宝村"，如浙江临安白牛村，因地制宜地将互
联网与山核桃创新融合；也有初期无相关产业资源、由网商带
头人培育产品后自发培育的"淘宝村"，如江苏睢宁东风村，通
过"农户＋互联网＋企业"的模式成为家具电商生产的重要阵
地；还有由地方政府进行培育孵化或由地方政府驱动经由电子
商务服务商孵化形成的"淘宝村"，如河南孟津平乐村，通过发
展农民牡丹画形成产业，采取"企业＋园区＋画师"的模式，
形成集培训、绘画、销售等于一体的产业链。无论哪种"淘
宝村"包容性创新模式，都证明了包容性创新对于我国最基层
村镇的活力激发具有有效性。广大贫困地区人民借助互联网电
子商务实现了向新型农民的转型，实现了脱贫致富。地方也通
过打造"淘宝村"形成了特色产业，创造了大量就业岗位，推
动了乡村振兴和县域经济转型升级。最终，我国欠发达地区
的基础设施得到了有效改善，农民生产生活方式发生了变革。

第三节　我国欠发达地区的金字塔底部创新

BoP 创新理论是面向低收入群体的创新理论。该理论认为
发展中经济体的低收入人群代表一个巨大的未被触及的市场，

---

① 范轶琳、姚明明、吴卫芬：《中国淘宝村包容性创新的模式与机理研究》，
《农业经济问题》2018 年第 12 期。

通过满足低收入人群未被关注和满足的需要，不仅能够实现企业自身的发展，而且能够实现社会进步。BoP 创新是从企业盈利与社会发展的角度关注低收入人群的创新活动，通过商业的变革和创新解决社会贫困问题的同时，获取优质的市场回报。

一、BoP 创新的内涵

BoP 创新可被视为破坏性创新在发展中国家低收入群体的发展[①]。企业将发展重点转向经济金字塔底部，开展面向 BoP 市场的创新，可通过破坏性创新在规模更为庞大的 BoP 市场中收获新的增长引擎。除了破坏性创新的视角，BoP 创新理论也将创新纳入贫困问题的研究与解决中。BoP 创新的内涵经历了三个阶段的发展[②]，涵盖了三个维度——将 BoP 群体作为消费者、生产者和创业者。

在第一阶段，主要将 BoP 群体视为消费者，强调企业面向 BoP 市场进行产品与市场创新，以满足 BoP 群体作为消费者的需求，通过为 BoP 群体提供低价优质的服务和产品改善其生活品质，从而实现反贫困的效果。从这一维度理解 BoP 创新的内涵，重点是理解欠发达地区低收入群体所处的社会环境，了解 BoP 群体与 BoP 市场的消费与需求特征，从供给视角进行产品

[①] Stuart L. Hart, Clayton M. Christensen, "The great leap: driving innovation from the base of the pyramid", *MIT Sloan Management Review*, Vol.44, No. 1,（2002）, pp.51–56.

[②] Krzysztof Dembek, Nagaraj Sivasubramaniam, Danielle A. Chmielewski, et al., "A systematic review of the bottom/base of the pyramid literature: cumulative evidence and future directions", *Journal of Business Ethics*, 2020, pp.365–382.

创新，以满足欠发达地区人群的多样化需求。邢小强等指出[①]，面向 BoP 市场的产品创新需要明确产品的价值主张、结合市场需求进行开放式技术搜寻，并基于企业自身技术能力进行选择和集成、设计节约使用资源的产品架构和建立跨领域的合作关系。

在第二阶段，BoP 群体的能动性得以提高，强调 BoP 群体作为企业的合作伙伴，通过提供生产资源、生产技能和创新能力，实现与企业的合作协同发展。作为生产者的 BoP 群体需要在企业创新的帮助下克服生产性障碍和交易性障碍。一方面，BoP 群体需要提高教育程度和丰富劳动技能，以提升生产效率；另一方面，BoP 市场需要完善相关基础设施，以保障劳动产出的销售与流通。在这一过程中，企业通过将 BoP 群体纳入价值体系，从人力资源开发和培训的角度帮助 BoP 群体提升创新能力与水平，从而摆脱贫困。

在第三阶段，BoP 群体的角色定位更为独立。他们在创新过程中不再高度依赖外部资源，而是成为内生驱动的小型生产者，能够通过自我管理、与外界合作实现独立的可持续发展。BoP 群体作为创业者，体现了 BoP 群体主动开发和创造的创业与创新精神——这是最具有增长潜力的方式。在创业视角下，需要为 BoP 群体提供公平、完善的创业环境，以不断激发、促进其内生能力发展。而数字技术和互联网的发展拓展了 BoP 群体作为创业者能够覆盖的市场范围和创业影响力。

无论 BoP 群体作为哪种角色，在 BoP 创新的过程中，如

---

① 邢小强、彭瑞梅、全允桓：《面向金字塔底层市场的产品创新》，《科学学研究》2015 年第 6 期。

何突破和适应资源约束是一个共性问题，也是实现 BoP 创新的关键。郭咏琳和周延风指出[①]，BoP 创新面临三类资源约束——生产性约束、交易性约束和制度性约束。要突破生产性约束，需要提高 BoP 群体的知识水平、生产技能和资源获取能力；要克服交易性约束，需要完善市场环境，保障 BoP 创新的公平和安全交易；由于缺乏与创业相关的正式制度安排，BoP 创新过程中生产资源获取、经营渠道拓展和生产模式经营高度依赖社会关系网络，因此需要更合理、完善的法律规定和监管执行克服制度性约束。总之，BoP 创新是实现可持续发展、社会和谐的重要创新机制，不仅需要企业和 BoP 群体来实现和推进，而且需要社会各方力量共同参与，从外部环境和内部能力双重维度保障创新。

二、我国欠发达地区的 BoP 创新实践案例

短视频的出现为 BoP 创新提供了数字技术和商业模式，"短视频 + 直播"成为扶贫助农、促进乡村振兴的重要抓手。对于欠发达地区的 BoP 群体而言，短视频平台让农民们能够直接参与直播互动，借助互联网实现乡村电子商务的产销对接，从而有效推动了广大滞销农产品的营销。

BoP 群体通过介入短视频内容生产与消费市场，不仅可以销售农产品，而且可以创作内容，如发布关于生活、亲子、"三农"和情感等的主题视频，直播日常生活、才艺技能和宅人娱乐等，提高了收入水平，改善了生活条件，实现了脱贫致

---

① 郭咏琳、周延风：《从外部帮扶到内生驱动：少数民族 BoP 实现包容性创新的案例研究》，《管理世界》2021 年第 4 期。

富。短视频平台的日常分享和直播，直接改善了欠发达地区人们的生活，他们也通过这些生活内容记录，将线上的联结延伸至线下，带来了许多创业机会。

例如，快手的"百城县长直播助农"活动，在疫情防控期间有效发挥了助农作用。各地基层干部举办了 200 余场助农扶贫直播活动，累计销售额超 3.6 亿元[①]。"福苗计划"致力于宣传推广欠发达地区的优质特产，截至 2020 年 7 月已帮助全国 40 多个贫困地区销售山货，直接带动 18 万多建档立卡贫困人口增收[②]。据报告，2019 年 6 月 22 日至 2020 年 6 月 22 日，在快手获得收入的来自贫困地区的用户数达 664 万。在以上现象与案例中，BoP 群体在 BoP 创新过程中同时兼具了消费者、生产者与创业者的多重角色，内容创作让城乡之间实现了知识的双向流动。

第四节　我国欠发达地区的反贫困创新

贫困问题作为世界性难题，是人类社会实现可持续发展过程中面对的最严峻挑战之一，摆脱贫困是人类社会的共同愿景。通过创新实现反贫困，对于我国落实联合国可持续发展目标，实施创新驱动发展战略，实现乡村振兴和全球包容性增长具有重大的理论意义和实践价值，也是践行习近平新时代中国

---

① 《第十五届人民企业社会责任奖候选案例："百城县长 直播助农"活动》，2020 年 11 月 19 日，见 http://gongyi.people.com.cn/n1/2020/1119/c434398-31937396.html。

② 《2020 快手扶贫报告：664 万贫困地区用户在快手获得收入》，2020 年 10 月 17 日，见 https://36kr.com/p/928338276222853。

特色社会主义思想、实现"两个一百年"奋斗目标的必然要求。

一、反贫困创新的内涵

反贫困创新以发展经济学、组织社会学和创新经济学相关理论为基础，多元主体以反贫困为核心目标而开展的一系列创新活动和制度安排[①]。

反贫困创新的内涵包括反贫困创新的核心目的、面向对象、参与主体、参与层次和绩效衡量五个方面。反贫困创新的核心目的是以人为本，目标是实现反贫困，最终实现人的能力提升与价值实现，推动乡村振兴，促进人类和平与全球可持续发展。反贫困创新的面向对象是欠发达地区，尤其是极度贫困地区和国家的人口和社群，也包括城镇地区的相对贫困人口以及发展中国家大量存在的农民工群体。反贫困创新的参与主体是多元的，除了政府、企业家、非政府组织、国际组织、教育机构等主体，欠发达地区的人群也是反贫困创新的重要主体，这些多元主体均是反贫困创新的要素提供者、扩散者、协调者和成果共享者。反贫困创新的参与层次涵盖个体层、企业与组织层、社群层以及决策层的全层次，各层次内部、各层次之间在反贫困创新的过程中会有机协调与联动。多主体的参与和多层次的协同是反贫困创新的重要基础，这些通过相互关联的复杂社会网络实现，推动面向贫困人口和社群的资源集聚、知识流动和扩散应用。反贫困创新的绩效衡量主要集中在反贫困和包容性增长的成效上，既包括以收入、居住和生活条件改善等

---

① 陈劲、尹西明、赵闯等:《反贫困创新:源起、概念与框架》,《吉林大学社会科学学报》2018 年第 5 期。

为代表的福利增长，也包括以认知能力、社会参与能力为代表的能力提升。同时，反贫困创新的绩效不仅要看个体层面的福利和能力增长，也要关注社群层面的福利和发展能力提升，才能保证反贫困成效的可持续性。

反贫困创新具有多要素、高复杂等特点，需要从多个维度把握其动态过程。反贫困创新的构成维度包括科技创新、教育革新、普惠金融、制度创新、社会创业和跨边界协同，不仅包括单纯的技术创新和过程创新，也包括相应的政策、制度和文化等。其创新应用既关注欠发达地区短期内贫困人口收入和福利的增加，也致力于促进贫困人口和社群的能力建设与全面可持续发展[1]。在上述六大维度中：科技创新、教育创新、普惠金融属于要素创新；制度创新、社会创新和跨边界协同属于过程创新；通过要素创新和过程创新，促进技术资本、人力资本和金融资本在欠发达地区与 BoP 群体中畅通有效地流动，进而实现福利增长与能力提升，助力减贫与社群发展。由此可见，反贫困创新是多元主体围绕反贫困这一核心目标，利用各类创新要素和创新模式协同参与反贫困的复杂和动态过程。

二、我国欠发达地区的反贫困创新实践

根据贫困的三个维度，可将我国反贫困的路径与政策指向划分为救济式扶贫、福利式扶贫 + 开发式扶贫以及赋权式扶贫三类。其中，救济式扶贫主要通过慈善事业、政府救济和社会捐助等方式，缓解经济收入低下的收入贫困问题；福利式扶

---

① 陈劲、尹西明、赵闯：《反贫困创新的理论基础、路径模型与中国经验》，《天津社会科学》2018 年第 4 期。

贫＋开发式扶贫主要通过教育、社会保障、产业开发等方式，提高贫困人口的基本能力，解决经济能力不足问题；赋权式扶贫通过完善国家治理体系，保障欠发达地区弱势群体的公民权利，实现共享式发展，解决平等权利缺失问题①。最终，形成以党和政府主导扶贫开发，政府、社会、市场和行业等多方共同参与、协同和支撑，促进内部与外部统一、"输血"与"造血"并行，扶贫与扶志扶智相结合的全社会广泛参与的反贫困事业。

我国作为世界上最大的发展中国家，自新中国成立后便开启了反贫困治理与实践。党中央领导集体一直高度重视贫困问题，把脱贫攻坚摆在治国理政的突出位置，把脱贫攻坚作为全面建成小康社会的底线任务，通过反贫困创新，组织开展了声势浩大的脱贫攻坚人民战争，充分发挥社会主义集中力量办大事的制度优势。

新中国成立后，强调推进生产资料社会主义改造，党团结带领人民完成社会主义革命、确立社会主义基本制度、推进社会主义建设，并建立社会救济体系，对特定的人口群体开展小规模的"输血式"生活救济②。例如，对农村实行国家救济与集体补助相结合的救济体系，通过民政部门拨款；对城市采取基于"单位"的救济体系，由财政部门和所在单位负责相关资金。1954年通过的《中华人民共和国宪法》以根本大法的形式确立了救济体系在反贫困中的地位和作用，即国家举办社会

---

① 燕继荣：《反贫困与国家治理——中国"脱贫攻坚"的创新意义》，《管理世界》2020年第4期。

② 李猛：《马克思主义反贫困理论在中国的传承与创新》，《中共中央党校（国家行政学院）学报》2020年第4期。

救济、社会保险，以确保劳动者在老弱病残时享有获得物质帮助的权利。新中国成立之初的变革生产关系、推进生产资料的社会主义改造和建立社会救济体系为摆脱贫困、改善人民生活打下了坚实基础。

改革开放以来，通过变革生产关系、推进所有权与经营权的分离，党团结带领人民实施了大规模、有计划、有组织的扶贫开发，着力解放和发展社会生产力，着力保障和改善民生，取得了前所未有的伟大成就。在制度层面，通过在农村推行以土地集体所有制为基础的家庭联产承包责任制，在城市推进形成以公有制为主体、多种所有制经济共同发展的平等竞争格局；在政策层面，制订扶贫计划。例如，制定《国家八七扶贫攻坚计划》《中国农村扶贫开发纲要（2011—2020年）》等，实施开发式扶贫战略、整村推进战略、扶贫开发政策与最低生活保障制度衔接的"两轮驱动"战略等，并取得了伟大成就。

党的十八大以来，党中央把脱贫攻坚工作纳入"五位一体"总体布局和"四个全面"战略布局，作为实现第一个百年奋斗目标的重点任务。通过选派驻村第一书记和工作队等机制创新，先识贫再扶贫等方法创新，健全东西部扶贫协作、定点扶贫、社会力量参与等方式创新，解决区域性整体贫困。例如，为进一步加强精准扶贫的过程管理，保障扶贫政策的有效落实，贵州省于2015年在全国范围内提出首个省级层面大扶贫战略，通过开展精准扶贫大数据创新应用，构建"精准扶贫云"大数据支撑平台，将互联网和大数据规范化应用于脱贫攻坚全过程。此外，贵州省还配套开展了资源变股权、资金变股金、农民变股民的"三变"改革，以及同步小康驻村帮扶等机制创新。这些创新性制度显著提升了基于大数据平台的反贫困治理能力，使贵州逐步实现了扶贫对象电子档案动态管理、扶贫项目全过程监管、多部门数据交换共享以及电商扶贫、产业扶贫的动态追踪与精准服务。贵州省的制度创新在简化干部工作流程的同时，有效激励和激发了扶贫干部和贫困人口的主动创新。再如，广西壮族自治区自 2016 年起实施科技特派员创新创业服务行动，选派 1000 名以上科技特派员到贫困地区开展科技创新扶贫工作。科技特派员与农业技术骨干组成嵌入式和分布式的科技创新与技术转化团队，实现了科技扶贫项目与本地产业基础、发展资源、产业规划以及区域内外的农业科技创新资源有机结合，有效推动了本地特色农业发展，带动贫困户和贫困村脱贫致富。

2020 年，我国脱贫攻坚取得了重大历史性成就，稳定实现农村贫困人口不愁吃、不愁穿，义务教育、基本医疗和住房安全有保障（即"两不愁三保障"），全国所有贫困人口全部实现脱贫摘帽。2020 年 11 月 23 日，贵州省人民政府宣布，紫云县、纳雍县、威宁县、赫章县、沿河县、榕江县、从江县、晴隆县、望谟县 9 个县全部退出贫困县序列。至此，全国 832 个贫困县全部实现脱贫摘帽。2021 年 2 月 25 日，习近平总书记在全国脱贫攻坚总结表彰大会上指出，"我们立足我国国情，把握减贫规律，出台一系列超常规政策举措，构建了一整套行之有效的政策体系、工作体系、制度体系，走出了一条中国特色减贫道路，形成了中国特色反贫困理论"。[①] 这些重要

---

① 习近平：《论把握新发展阶段、贯彻新发展理念，构建新发展格局》，中央文献出版社 2021 年版，第 515 页。

经验和认识包括：坚持党的领导，为脱贫攻坚提供坚强政治和组织保证；坚持以人民为中心的发展思想，坚定不移走共同富裕道路；坚持发挥我国社会主义制度能够集中力量办大事的政治优势，形成脱贫攻坚的共同意志、共同行动；坚持精准扶贫方略，用发展的办法消除贫困根源；坚持调动广大贫困群众积极性、主动性、创造性，激发脱贫内生动力；坚持弘扬和衷共济、团结互助美德，营造全社会扶危济困的浓厚氛围；坚持求真务实、较真碰硬，做到真扶贫、扶真贫、脱真贫。

　　未来，在全面建成小康社会的基础上，我国反贫困事业将迈向巩固成果、防止返贫、处理好相对贫困问题的新阶段，要继续立足国情、把握减贫规律，在全党全国各族人民的团结奋斗下继续创造减贫治理的中国样本，为全球减贫事业作出重大贡献，贡献马克思主义反贫困理论中国化最新成果，通过反贫困创新落实共享发展理念。

第五章　共同富裕视野下的区域间科技创新合作范式

随着经济全球化及创新范式的不断迭代发展，仅凭单一创新主体或仅依靠某一区域的力量是无法完成整个创新过程的。不同创新主体或跨区域创新主体及环境的协同与合作就成为一种必然趋势。区域间科技创新合作，有利于充分发挥优势区域创新资源的带动作用，推动欠发达区域的创新驱动发展，从而实现共同富裕。

目前我国正处于向实现第二个百年奋斗目标奋进的关键时期，共同富裕视野下的区域间科技创新合作更强调优势区域与欠发达区域的共同发展。新征程中，共同富裕的实现对区域间科技创新合作提出了新要求和新挑战。因此，当前阶段需要明确共同富裕视野下区域间科技创新合作的新定位，在分析已有区域间科技创新合作成功模式的基础上，进一步分析现存问题，为新时代共同富裕视野下区域间科技创新合作寻求新的转型方向。

第一节　区域间科技创新合作的新定位

共同富裕视野下的区域间科技创新合作，应在遵循创新合作基本规律的基础上，以创新资源优化配置与自由流动为基本运行机制，推动实现创新成果全民共享。这是共同富裕视野下区域间科技创新合作的新定位。

一、以创新资源优化配置与自由流动为基本运行机制

共同富裕视野下的区域间科技创新合作，突出强调创新资源在优势区域与欠发达区域之间的自由流动与共享。在数字经济时代，首先，要突出围绕知识与信息数据的资源流动。尤其是知识这类创新要素，遵循收益递增规律，即资源效率投资越高，所收获的边际效率越高。因此，共同富裕视野下，推动欠发达区域的创新驱动发展，加强对知识、信息数据等创新要素的投入，吸引来自优势区域的创新要素至关重要。其次，创新人才作为区域间科技创新合作过程中能动性最高的创新资源，其数量、质量和结构是影响创新绩效表现的主要因素之一。总的来说，共同富裕视野下的区域间科技创新合作，需要全面深入地强化创新资源流动与共享，促进知识、信息要素、成果、人才和资金等创新要素在优势区域与欠发达区域之间的充分流动，以此缓解区域间创新资源分布不均衡的问题。

二、推动实现创新成果全民共享

2015年10月，习近平总书记在征求党外人士对中共中央关于制定国民经济和社会发展第十三个五年规划的建议的意见时强调，"改革发展搞得成功不成功，最终的判断标准是人民是不是共同享受到了改革发展成果"[1]。推动实现创新成果全面

---

[1] 《中共中央召开党外人士座谈会 习近平主持并发表重要讲话》，《人民日报》2015年10月31日。

共享，既是衡量高质量发展、共同富裕的客观标准，也是共同富裕视野下推动区域间科技创新合作的根本方向。

共同富裕视野下的区域间科技创新合作，既要强调强强联合，促进优势地区的深入发展，又要强调优势地区对欠发达地区的支持，鼓励优势区域带动欠发达地区，以扶贫协作、对口支援等方式促进欠发达地区的创新发展，从而实现区域发展的平衡性、协调性和包容性。在这一过程中，应强化创新与创富的联动机制，实现科技创新、资本积累、经济增长和财富创造的良性循环，特别加强提升欠发达地区的创新能力——这是彻底摆脱贫困以实现共同富裕的基础。

第二节　区域间科技创新合作的主要模式

共同富裕视野下的区域间科技创新合作，围绕不同区域、不同主体的共同发展展开，强调各类创新主体发挥自身角色优势，即企业、高校和科研院所作为创新知识生产、传播和利用的主体，在不同区域间实现创新资源的优化配置、创新人才的自由流动、创新成果的区域共享。其中，企业被认为是创新主体子系统的中心要素，能够直接将新思想转变为新技术再转化为新产品，产生市场经济效益；政府则作为创新政策与制度的提供者、科技资源的分配者，为区域间科技创新合作提供制度保障。本节主要说明区域间产学研科技创新合作、跨区域产业集群协同创新两种主要的区域间科技创新合作模式。

一、区域间产学研科技创新合作模式

共同富裕视野下的区域间产学研科技创新合作，围绕跨区域产学研各类主体展开，形成以高校和科研院所为知识和人才等创新资源的输出主体，对周边及滞后区域的科技创新提供服务并形成辐射作用的科技创新合作机制，充分发挥产学研主体在区域科技创新体系中的重要作用，增强其对区域经济社会发展的服务及支撑能力。

区域间产学研科技创新合作遵循产学研协同创新的基本运行机制，即通过知识创造主体和技术创新主体间的深入合作和资源整合，产生系统叠加的非线性效应。其目标在于构建一个整合各类创新要素和创新资源的区域间科技创新体系，并确保创新要素和创新资源在体系内自由流动。其内涵是以知识增值为核心，高校、科研院所和区域各类创新主体共同实现价值创造。由此，基于产学研协同创新过程机制，共同富裕视野下的区域间产学研科技创新合作是一个知识和人才等创新资源的供给和需求双方不断进行创造性互动的过程。在这一过程中，来自优势区域的高校、科研院所作为知识和人才等创新资源的供给方，欠发达地区作为创新资源的需求方，通过合作推动创新资源的整合、转移和扩散，进而以优势地区创新主体带动欠发达地区企业及产业的发展，实现区域创新发展。

区域间产学研科技创新合作包括以平台为载体和以项目为依托两种方式。

跨区域产学研合作平台是指通过政府主导或产学研各类主体主导而搭建的、旨在促进区域间高校和科研院所与企业开展科技创新合作的中介组织机构或数字化平台，由此在跨区域产学研不同主体之间建立资源共享、优势互补、互利共赢的合作关系[①]。其运行机制与区域内产学研协同创新机制相似，但在共同富裕视野下更突出强调创新资源在优势地区与欠发达地区之间的流动与共享，形成优势地区围绕知识和人才等显性与隐性创新要素带动欠发达地区创新发展的格局。

例如，东莞上海高校产学研合作中心就是围绕上海市优势高校、科研院所的创新资源，与东莞市政府、企业共同建立的跨区域产学研科技创新合作平台，旨在凭借上海市高校科研院所的优势创新知识、人才等资源，服务东莞市的经济发展。其具体的运行方式包括：一是以上海市高水平高校、科研院所（如上海海事大学等）掌握的优势创新资源，为虎门港管委会区域发展提供战略规划研究；二是依托同济大学的人才和知识等创新资源，满足东莞市企业对超材料技术的需求；三是在上海市高校与东莞市企业之间建立合作项目，依托高校所掌握的前沿知识要素推动东莞市企业的转型升级[②]。

除了以市场拉动为主，目前我国区域间创新要素流动还存在以政府推动为辅的牵引动力。其中，国家科技项目尤其是重大科技项目的牵引是一种重要的政府主导模式。在国家科技项目的牵引下，创新资源能够实现有效集聚，各类主体的创新优势得以充分发挥，这些对区域产业核心竞争力的提升有着深远

[①] 张燕：《跨区域产学研合作平台建设研究——以上海高校与东莞市的产学研合作平台为例》，《中国高校科技》2018 年第 5 期。

[②] 张燕：《跨区域产学研合作平台建设研究——以上海高校与东莞市的产学研合作平台为例》，《中国高校科技》2018 年第 5 期。

影响。

例如，上海市、江苏省的各类产学研创新主体实现了以国家重大科技项目为牵引的区域间产学研协同创新：借助上海交通大学船舶设计团队在人才、学科和实验设施等方面的优势，通过联合江苏科技大学、中船重工711所、中船工业708所等高校和科研院所，共同完善了大型绞吸式挖泥船制造产业从核心设备至总装建造的产业链。这是政府牵引下、以上海市为优势核心区域形成的跨区域产学研科技创新合作的典型模式。

可以看出，在共同富裕视野下，以各类平台、项目为载体的区域间产学研科技创新合作，就是通过各类机构、平台载体或依托创新合作项目，在市场或政府的驱动牵引下，连接优势地区的高校和科研院所与欠发达地区的政府、高校、科研院所和企业等创新主体，通过推动优势地区的创新要素向欠发达地区流动与共享，有效实现创新要素的优化配置，实现知识要素溢出效应和创新合作的网络化效应，从而支持欠发达地区的产业和企业发展，增强欠发达地区的创新驱动发展能力。

二、跨区域产业集群协同创新模式

从产业层面看，区域间科技创新合作模式主要表现为跨区域产业集群协同创新，即两个或多个区域（包括行政区域、非行政区域）有着密切联系的企业、高校、科研院所以及政府，它们在统一的创新环境下相互作用，形成不同区域间创新要素交互作用的复杂网络。典型的跨区域产业集群协同创新实践，既包括围绕优势创新资源而积聚的集群，如美国硅谷、意大利的传统产业区和日本典型工业区等，也包括围绕行政区域而形成的集群，如北京中关村、武汉光谷等，以及跨越行政区域（如长三角、京津冀、珠三角等）开展产业协同创新活动形成的集群。共同富裕视野下，跨区域产业集群协同创新可以降低欠发达地区的创新成本，提高其创新意愿和能力。

跨区域产业集群协同创新的具体方式为跨区域产业联动——生产要素随产业运动而在不同区域之间流动的现象。具体来说，跨区域产业联动，是指位于不同区域的产业基于产业间相互关联而进行的、以推动区域经济的可持续发展为目标、以生产要素的流动与优化重组为主要内容的较长期的区域间产业协作活动。其实质是区域产业网络节点间的互动行为。共同富裕视野下强调优势地区与欠发达地区之间的协作创新，强调优势地区对欠发达地区的优势创新资源共享。由此，共同富裕视野下的跨区域产业联动，是指遵循共同设计的原则、行动规划等，在发展程度不同的区域围绕创新要素流动实现产业链协同发展，并以此实现不同区域的共同发展。在共同富裕视野下，跨区域产业联动遵循产业间的有机联系，有利于促进优势地区与欠发达地区的优势互补与协同，以合作和互惠共赢为根本出发点，是促进区域经济协调发展、促进实现共同富裕的重要途径。

产业联盟作为产业联动的主要方式之一，是指不同产业或同一产业的各个组成部分的企业，为寻求生存与发展优势而结成互惠互利的集团，共同应对市场竞争、规避交易风险、降低交易费用，是一种各企业间没有资本关联、地位平等的产业联动形式。产业联盟通过构建长期稳定的合作渠道来追求规模效益。在企业创新过程中建立以契约为基础的技术联盟，在一个集体内部通过产业交互作用能够更快和更有效地进行知识渗透与扩散，可以共享技术资源，降低研发成本，缩短技术开发时间，分担研发风险，推进技术进步，快速提升产业竞争实力。发展共同富裕视野下的跨区域产业联盟，既可以获得优势地区的比较优势，也可以发挥规模效应，从而增强联动效应，是促进产业突破区域限制、实现共同富裕的重要方式和手段。

产业联盟一般可分为技术标准产业联盟、研发合作产业联盟和市场合作产业联盟等。其中，影响跨区域产业集群协同创新的主要模式是研发合作产业联盟。例如，中关村国家自主创新示范区（以下简称"中关村"）作为全国自主创新高地，通过所掌握的优势创新要素，通过技术交易和并购、在欠发达地区设立分支机构、共建产业基地等，积极推动了京津冀三地的产业协同创新，充分发挥了中关村及其所在地北京作为优势区域对周边相对欠发达地区的辐射带动能力。同样的典型案例还包括：以大湾区、珠三角为优势地区，广东科技创新走廊充分发挥辐射带动作用，推动广西科技创新和产业发展从后发向跟跑和并跑转变；以浙江、广东为优势地区代表，以区域对口方式带动吉林省科技创新发展，实现省际区域间创新资源优势互补、互利共赢。

第三节　区域间科技创新合作的现实问题

由于区域间科技创新合作的主体来自不同的行政区域，因此共同富裕视野下的区域间科技创新合作存在一些现实问题。

120

一、政策整合力度不够，利益协调机制不完善

当前共同富裕视野下的区域间科技创新合作仍受困于一个关键问题，即不同的区域主体及创新主体之间尚未做到全面协同发展。主要原因在于一个根本矛盾——政策体系中竞争思维与整合思维的矛盾——未被解决。实践经验表明，基于整合思维的整合型政策与基于竞争思维的竞争型政策之间存在很多难以调和的结构性矛盾。如果没有更高层面的政策集成和联动，加快确立整合型政策的主导地位，消除冗余政策的影响，那么竞争型政策很可能会持续掣肘，让各类创新主体难以形成合力。为了更好地化解体制机制和政策体系中的结构性矛盾，还需要从顶层设计层面加强对跨区域创新的统筹推动。在这一过程中，还存在不同区域的利益协调机制不完善问题。一方面表现在，以企业为主体的区域间科技创新合作存在因"走出去"即离开本区域而无法享受创新优惠政策、与其他创新主体存在利益分配不一致的问题。另一方面表现在，不同区域的利益协调机制不完善，不同区域出于自身利益考虑而降低整体协同创新效率。对此，共同富裕视野下的区域间科技创新合作，更应注重强化区域间的合作共赢，由此才能保障区域间科技创新合作的顺利开展和可持续性。

二、区域间创新资源分布不均衡且流动不畅

我国不同区域间的创新要素分布不均衡问题仍显著存在，总体呈现东南部沿海地区的优势较强、西北部内陆地区的创新资源居中、东北地区的创新资源较弱的情况。其中，京津冀、

长三角、粤港澳和成渝四大科学中心是我国创新能力和创新资源最为集聚的地区，但是其内部也存在创新要素分布不均衡、要素发展水平不协调的问题。

不同区域间创新资源分布不均衡，加之各区域经济发展水平差距较大，导致各区域对创新要素的吸引力度不同。东部地区对各类创新要素的吸引力度最大；中部地区的吸引力度处于持续加大中；西部地区对人才与技术的吸引力度增大，但对资金的吸引力度却在下降；东北地区对各类创新要素的吸引力度呈持续下降趋势。

有研究显示，从不同创新要素的空间流动偏好来看，以创新资金和创新技术为例，创新资金流动偏好围绕"东部沿海地带—河南、湖北和湖南—四川"呈现"川"字形结构；创新技术流动偏好围绕"东部沿海地带—安徽、湖北、陕西和四川"呈现"T"字形结构[①]。

此外，创新资源在不同区域间的流动存在一定障碍。主要表现为：受科研环境、居住环境、子女教育、医疗条件等因素的影响，欠发达地区对创新人才的吸引力度较差，创新人才更多在优势地区之间流动，尚未在优势地区与欠发达地区之间实现充分流动，导致优势地区与欠发达地区在隐性知识要素流动方面存在一定障碍。

三、跨区域不同主体科技创新合作强度低

从不同区域主体看，尽管各区域间有着良好的合作基础，

---

① 吕海萍：《创新要素空间流动及其对区域创新绩效的影响研究——基于我国省域数据》，博士学位论文，浙江工业大学，2019年。

但是由于不同区域的发展基础不均衡、创新要素分布不均衡等，优势地区主体的辐射带动作用不强，欠发达地区对创新要素的吸引力弱，导致我国区域间科技创新合作总体上仍呈条块分割的特征，且区域间合作强度较低。

从区域间产学研科技创新合作看，尽管我国大部分省区市均不同程度地参与了跨区域产学研合作，但是合作强度低且互惠程度低，同时亦呈现出优势地区间的合作频率最高、强度最大的趋势。以专利合作网络为例，我国各区域间的专利合作网络密度以东部地区最高、中部地区次之、西部地区最低。优势地区与欠发达地区之间的产学研合作仍相对较弱，且大多具有自发性和偶然性特征。

从跨区域产业联动发展情况看，优势地区与欠发达地区之间仍存在"东高西低"现象：中西部地区有丰富的能源资源，多以资源密集型产业为主，处于跨区域产业联动的上游环节；而东部地区以在创新人才、知识、技术及资金方面的优势，多以高新技术、先进制造等产业为主，处于附加值较高的跨区域产业联动的下游环节。目前尚未形成广泛的优势地区带动欠发达地区产业发展的现象。

四、区域间科技创新合作动力不足

通常来说，区域间科技创新合作源于各区域掌握的创新资源具有不平衡性，由此使得各类创新主体跨越所在边界而寻求区域外的合作伙伴，寻求以更低成本、获取更优资源[①]。这使得

---

① 宋潇、张龙鹏：《成渝地区双城经济圈优质跨域合作创新的驱动逻辑——基于区域科技进步奖获奖数据的分析》，《中国科技论坛》2021年第10期。

掌握着优势创新资源的区域更易成为创新合作的选择对象。共同富裕视野下的区域间科技创新合作，更强调优势地区对欠发达地区的辐射及带动作用。而欠发达地区在创新资源上处于相对劣势，这不利于开展区域间科技创新合作。

从创新主体看，一方面，高校在区域间科技创新合作中的参与度与绩效表现不突出。根据相关研究，高校作为基础研究的源头，在创新人才、创新知识和创新成果输出方面具有明显优势。然而，高校参与区域科技创新的规模较小，只集中分布于少数城市，且以北京为最[①]。同时，不同区域高校的参与程度不同，其中中部地区的高校因其创新成果产出能力相对较低而难以在区域间科技创新合作中发挥源头作用。另一方面，在以企业为主体的区域间科技创新合作中，作为引领科技创新合作的大企业，需要考虑合作网络中众多主体的差异化能力，并确保进入合作网络中的中小企业能够保质保量地完成任务。因此，对于能够进入合作网络中开展创新合作的中小企业的筛选工作存在不同程度的"经验门"。通常能够进入的企业多是具有一定资质或经验、具有一定规模的企业，不利于从共同富裕的全民性、全面性特征出发促进创业企业或发展小微企业的发展。

---

① 齐晓丽、刘琪：《京津冀跨区域技术创新合作网络演化实证研究》，《河北工业大学学报》（社会科学版）2019 年第 1 期。

第四节　区域间科技创新合作的转型方向

实现创新与创富的相互联动，以及科技创新、资本积累、经济增长和财富实现的良性循环，是未来我国科技、经济协调发展的深层次议题。共同富裕视野下的区域间科技创新合作可以向以下五个方向转型。

一、以全民性和全面性为根本出发点，加强统筹协调

不同主体的创新合作需要加强统筹，共同富裕视野下的区域间科技创新合作更需要加强国家宏观层面的引导和制度安排。如若缺乏，很可能是"零和博弈"，个体的理性导致群体的非理性，单个区域的利益最优导致其他区域的利益最少化，从而不利于共同富裕的实现。因此，应将共同富裕强调的全民性和全面性，作为区域间科技创新合作的根本出发点，加强统筹协调。

共同富裕视野下，从国家层面对区域间科技创新合作进行统筹安排，应考虑不同区域主体即各地方政府之间的协调与合作问题，包括加强中央政府对各区域的协调作用，加强政府对区域产业布局及规划的全局性。例如，通过建立省部级联动领导小组，通过长期、稳定的联席会议制度，加强对区域间科技创新合作的统筹规划工作，完善对跨行政区域间科技创新合作的决策、利益分配、税收分享及监督等机制[1]。

---

① 罗捷茹：《产业联动的跨区域协调机制研究》，博士学位论文，兰州大学，2014年。

二、着重提升优势地区的创新能力及辐射带动作用

共同富裕视野下的区域间科技创新合作，强调优势地区对欠发达地区创新发展的辐射带动作用。因此，进一步提升优势地区的创新能力，是推动共同富裕视野下区域间科技创新合作的必然要求，只有优势地区具有较强的创新能力才能对欠发达地区的创新发展起到强有力的辐射带动作用。对此，应加快培育优势地区关键产业的核心竞争力，促进领军企业的发展，提升区域内产业及企业的核心竞争力。以此为基础，充分发挥北京、上海、粤港澳大湾区建设国际科技创新中心的作用，进一步强化优势地区的领军企业、高水平科研院所的创新引领作用；鼓励发达城市群（如长江经济带、成渝城市群等）优势地区的支柱产业、龙头企业开展区域间科技创新合作，如组建跨区域产业联盟、产业核心技术攻关联盟，以此带动产业链跨区域发展。

优势地区凭借所掌握的创新资源而处于优势地位。因此，应进一步激励优势地区的优势创新资源有序且合理地向欠发达地区流动，以此带动欠发达地区的创新发展，加强其参与区域间科技创新合作的主动性和积极性。同时，做好跨区域创新合作主体的利益保障工作。例如，围绕财税政策、人才政策、创新补贴和科技奖励等，制定促进各类主体跨区域创新合作的专项支持政策，为创新主体跨区域科技创新合作提供良好的制度环境。鼓励优势区域创新主体在了解区域发展需求、区域支柱产业发展特色的基础上，主动对接欠发达地区的发展需求，发挥其辐射带动作用。

三、强化欠发达地区的创新驱动发展

2016 年 7 月，习近平总书记在宁夏考察时指出，欠发达地区可以通过东西部联动和对口支援等机制来增加科技创新力量，以创新的思维和坚定的信心探索创新驱动发展新路。[①] 对此，应以提升欠发达地区的自身发展水平为基础，加强欠发达地区对创新资源的吸收能力。支持欠发达地区聚焦于自身的优势或特色产业，结合区域特色产业发展需求和优势科研力量，以区域龙头企业为核心，布局一批新型共性技术平台，持续提升特色产业创新能力，增强对知识、技术等创新资源的吸收能力，缩短与优势地区之间的技术发展差距。

在此基础上，进一步提高欠发达地区对创新资源的吸引力度。优化创新人才发展环境，从居住条件、子女教育、医疗保障等方面进一步提高城市公共服务水平及城市配套水平，改善创新发展制度环境，降低创新资源跨区域转移成本，推动区域内创新主体主动"走出去"对接优势地区的创新资源。

四、借助信息化技术加强区域间科技创新合作

随着新一轮科技革命的兴起，信息化技术不断发展，新一代技术应用范式（如互联网、物联网、云计算与人工智能等）迅速兴起并广泛运用。尤其是基于互联网的网络平台成为驱动新平台经济、共享经济等新经济形态的新型链接系统，并由此创造了巨大的经济价值。在新一轮数字信息技术发展完善及其

---

① 《解放思想真抓实干奋力前进 确保与全国同步建成全面小康社会》，《人民日报》2016 年 7 月 21 日。

驱动下的平台组织变革情境下，为降低区域间科技创新合作成本、提高合作便利程度、提升合作紧密度提供了技术保障及新的转型方向。信息化时代背景下的区域间科技创新合作，不应忽视数字化、信息化、网络化技术的应用。相应地，区域间科技创新合作的运行及治理机制亦应转向数字化及平台化视角。

一是进一步打造区域间科技创新合作平台，提高信息及需求对接的精准性和效率，实现信息互通共享，促进区域间信息流动与共享。基于平台提高跨区域不同主体的需求对接精准性，使高校、科研院所可以密切关注企业发展的实际需求，畅通科技成果转化渠道，使企业能够及时掌握高校的基础研究及前沿技术知识发展动态。二是充分利用人工智能、大数据等技术，降低区域间科技创新合作的运行成本，提升资源配置效率，促进创新资源的合理流动与优化配置，减少因资源错配导致的滞后效应及损失。

五、强化政府的服务保障作用

共同富裕视野下的区域间科技创新合作涉及不同发展水平、不同利益主体的协同，因此更应注重发挥政府的服务及保障作用。

首先，政府应加强对区域间科技创新合作的制度供给，完善配套政策，优化区域间科技创新合作的制度环境，包括进一步优化市场准入、完善产权保护制度等方面的制度安排。其次，地方政府尤其是欠发达地区的政府应加强优势地区创新资源的引入者作用，主动为区域内创新主体的创新合作搭建合作平台、信息平台、服务平台和中介平台等，进而推动区域间创新合作的深入开展。再次，政府应积极培育有利于区域间科技创新合作的文化氛围，增强企业家、科研人员等主体参与区域间科技创新合作的积极性和主动性。最后，政府应注重对区域间科技创新合作服务体系的培育及完善工作，提高区域间技术转移服务机构、金融机构的专业化水平，鼓励各类主体尝试搭建区域间科技转移服务中介平台。

第六章　共同富裕视野下的产业间
科技创新合作范式

产业间科技创新合作是实现共同富裕的必然选择。现阶段，贫富差距问题依然是关系到我国经济社会发展的重要问题，在产业层面体现为产业结构有待优化、产业发展不平衡等，亟待通过产业间科技创新合作实现协同发展，先要实现产业"共生"，然后达到产业"共赢"，最终实现共同富裕。

第一节　产业间科技创新合作的内涵及主要形式

产业间科技创新合作是指以技术转让为中心，以产业界为主体，在国与国（地区与地区）之间进行资金、技术、生产、经营知识相互交流的一种组织形式。随着经济发展，市场不断完善，经济分工逐渐细化，但产业的各类生产要素却趋向整合，产业的发展模式也逐渐趋向协同和联合。若想在激烈的竞争中拥有立足之地，不仅要发挥自身创新优势，而且要注重产业间科技创新合作，实现资源互补。目前产业间科技创新合作存在多种形式，本节主要介绍产业技术创新战略联盟、产学研合作创新和产业间技术转移与扩散三种。

一、产业技术创新战略联盟

产业技术创新战略联盟是一个由多主体组成的、动态演化的开放复杂系统，是联合开发、优势互补、利益共享、风险共担的技术创新合作组织，是技术创新在产业层次的组织形式。产业技术创新战略联盟遵守相同的契约结成联盟，共同承担风险，合理分配利益，是为提升整体的自主创新能力和国际竞争力而建立的长期、稳定、制度化的新型组织模式，以提升产业技术创新能力、实现企业发展需求和联盟各方利益为主要目标。产业技术创新战略联盟是促进产业技术集成创新、提高产业技术创新能力、提升产业核心竞争力的有效途径。

创新成员与联盟组织两个层面之间的动态交互作用促进了联盟创新的实现。创新成员主要包括企业、科研机构、高校及其他组织机构。各主体的类型与功能各不相同，各主体间的竞争合作是联盟运行的基本动力[①]。一方面，各创新主体基于自身和联盟的战略目标进行协同创新，开展多种形式的创新合作，实现各企业间的连接，形成创新网络。通过建立公共技术平台，实现创新资源的高效分配与合理衔接，实现成员间的知识产权共享；促进技术转移与转化，加速科技成果的商业化，提升产业整体的技术实力与竞争力；联合培养高端技术人才，并建立有效的人才交流互动机制，提升产业核心竞争力和持续竞争力。创新资源在各创新主体之间流动，联盟通过各类型主体

---

① 连远强：《产业创新联盟的共生演化机理与稳定性分析》，《商业经济研究》2015 年第 32 期。

参与、互动、共享、催化运行，从而发挥出产业技术创新战略联盟的整体优势。另一方面，各创新主体之间存在激烈的竞争关系，通过在技术攻关、产品开发等方面的高效合作，不断提升自身的创新能力、丰富创新资源，从而与竞争对手抗衡。这种竞合关系推动了联盟企业的协同进化。不仅如此，产业技术创新战略联盟的有效运行还依赖于良好的外部制度环境和资源环境，最终实现产业竞争力的整体提升，促进经济发展。

产业技术创新战略联盟是我国支持、推动和突破产业技术发展的重要举措，运行多年，已取得良好成效。2007 年 6 月，科技部、财政部、教育部、国资委、中华全国总工会、国家开发银行联合开展的"产业技术创新战略联盟试点"正式启动。2008 年 12 月，科技部、财政部、教育部、国资委、中华全国总工会、国家开发银行六部门联合发布的《关于推动产业技术创新战略联盟构建的指导意见》指出："以国家战略产业和区域支柱产业的技术创新需求为导向，以形成产业核心竞争力为目标，以企业为主体，围绕产业技术创新链，运用市场机制集聚创新资源，实现企业、大学和科研机构等在战略层面有效结合，共同突破产业发展的技术瓶颈。"[1] "十三五"期间，产业技术创新战略联盟试点达到 146 家，集中了 5000 多家企业、高校和科研机构，在制定技术标准、编制产业技术路线图、加快技术转移和成果转化、构建和完善产业创新链等方面发挥了重

---

[1] 《六部门联合发布〈关于推动产业技术创新战略联盟构建的指导意见〉》，2009 年 2 月 21 日，见 https://www.most.gov.cn/zxgz/jscxgc/jscxxgwj/200902/t20090220_67552.html。

要作用。评估结果显示，虽然部分联盟存在独立性不足、资源共享缺乏等问题，但是多数联盟运行效果显著，有效促进了产业技术协同创新的跃升。例如，我国半导体照明产业相较于发达国家发展起步较晚，产业组织结构弱小凌乱，一直处于价值链低端。在科技部的支持下，2004 年 46 家龙头企业、科研院所和高校联合成立国家半导体照明工程研发及产业联盟（China Solid State Lighting Alliance）。该联盟明确了产业技术发展方向，有效整合和共享了产业的创新资源，成立联盟企业专利池，组织共性技术研发合作，突破产业技术薄弱环节，构建和完善了产业技术创新链，培育和扩大有效市场，为助力我国半导体照明产业发展，提升产业核心竞争力，促进经济发展，实现共同富裕起到至关重要的作用[1]。

二、产学研合作创新

《国家中长期科学和技术发展规划纲要（2006—2020 年）》指出，"以建立企业为主体、产学研结合的技术创新体系为突破口，全面推进中国特色国家创新体系建设，大幅度提高国家自主创新能力"[2]。这一文件的出台正式标志着产学研合作创新成为国家创新体系建设的重要举措。

产学研合作创新是指企业、科研机构和高等学校三大内部主体在政府、中介机构及金融机构等外部主体的支持和协同

---

[1]　参见陈宝明、李东红、于良等：《国家产业技术创新战略联盟经典案例》，人民邮电出版社 2017 年版。

[2]　《国家中长期科学和技术发展规划纲要（2006—2020 年）》，见 http://www.gov.cn/gongbao/content/2006/content_240244.htm。

下，以优势互补和利益共享为基本原则建立合作关系，合作开展技术开发、产品设计、人才培养、设备共享、咨询服务等创新活动，以期推动技术进步和经济、社会发展。通常而言，企业为技术需求方，科研机构和高校为技术提供方。

产学研合作创新是一项综合科技活动，具有两大特点。一是综合化。随着知识经济的逐渐深化，研究、开发与成果转化之间的界线日趋模糊，任何一项具有价值的科技创新活动都难以由一方独立完成，需要嵌入创新网络中。二是融合化。产学研合作创新贯穿于研究—开发—成果转化—产品开发—生产运营的各个环节中，是科技与经济的耦合点。

根据主体作用、合作年限、合作组织形式和合作内容等，产学研合作创新可被划分为多种模式。按照供应方和应用方发挥作用方式和技术转移的特点，可将产学研合作创新分为四类六种典型模式（见表1）。一是创新创业，以技术为主要驱动力。科研院所和高校实现较大的创新突破，开发出新产品或新工艺，通过产学研合作在风投公司及相关企业的支持下创办新企业，实现科技成果向生产力的转化。二是成果转化，其主要驱动力是技术。这一方式与创新创业不同的是，技术成果以专利许可或技术转让的形式转让给企业，从而实现科技成果转化。三是高校和研发机构服务于企业的技术创新需求，其主要驱动力是市场拉动。企业根据自身需求和技术基础提出创新需求，寻找具有相关创新能力的科研机构和高校帮助其开发新技术、新产品或新工艺。根据主体发挥作用的方式，该模式又可分为三种——联合开发、委托开发和咨询服务。四是企业配套于公共产品技术创新。该模式主要靠需求拉动，其主要目的是促进公共产品技术创新 [①]。

表 1　产学研合作创新的典型模式及其特点

合作模式	创新创业	成果转化	高校和研发机构服务于企业的技术创新需求			企业配套于公共产品技术创新
			联合开发	委托开发	咨询服务	
创新驱动力	技术推动	技术推动	市场拉动			需求拉动
利用内容	科技成果	科技成果	科技成果和技术开发能力			市场和科技成果
转移内容	技术和人才	技术	技术			技术和利润

根据各主体在合作中的角色和作用，可将我国不同时期的产学研合作创新分为六种模式。一是政府指令型结合模式。这一模式主要存在于 1949—1978 年的计划经济体制时期，为我国的关键技术攻关作出了突出贡献。二是政府推动型模式。这一模式主要存在于 1978 年科技体制改革后。"863 计划""星火计划""火炬计划"都是这一模式下的典型案例。三是企业主导模式。这一模式下企业可以通过合作创新实现对利润的不懈追求。四是大学主导模式。这一模式下大学直接参与企业的技术创新，承担大部分风险。五是共建模式。这也是产学研合作创新中合作最紧密、创新最高效的一种模式，形成了市场—科研—市场一体化的开发模式。六是虚拟模式。这一模式以机会为基础，形成动态合作模式，合作主体和形式都是动态调整的，并非一成不变，从而有效防止了机会主义和"搭便车"行为。

---

① 仲伟俊、梅姝娥、谢园园：《产学研合作技术创新模式分析》，《中国软科学》2009 年第 8 期。

三、产业间技术转移与扩散

2016 年 4 月，国务院办公厅印发的《促进科技成果转移转化行动方案》指出，在重点领域和关键环节提出针对性措施，推动实施一批具体任务。"十三五"期间，推动一批短中期见效、有力带动产业结构优化升级的重大科技成果转化应用，企业、高校和科研院所科技成果转移转化能力显著提高，市场化的技术交易服务体系进一步健全，科技型创新创业蓬勃发展，专业化技术转移人才队伍发展壮大，多元化的科技成果转移转化投入渠道日益完善，科技成果转移转化的制度环境更加优化，功能完善、运行高效、市场化的科技成果转移转化体系全面建成。这是我国促进产业结构优化，扩大产业科技成果惠及范围，推动经济发展，实现各产业共同发展、全面繁荣、共同富裕的重要举措。

技术转移（technology transfer）是指将某种技术由其起源地或应用领域转移应用于其他地点或领域的活动，是人类的一项重要社会实践活动。技术转移可以根据其特点进行分类：根据转移方向，可分为地理空间位置转移和实践领域转移；根据转移方式，可分为有偿转移和无偿转移；根据转移范围，可分为国际转移和国内转移。技术转移主要有两种方式——水平转移和垂直转移。前者是指一项技术从一个产业转移至另一产业应用；后者是指从技术到产业技术再到技术消费品这一形态上的演变。

与"技术转移"相近的一个概念是"技术扩散"（technology diffuse）。虽然不同学者对技术扩散给出了不同概念，但其核心内涵都是创新技术进行经济空间或地理空间的传播过程。傅家骥将技术创新扩散定义为技术创新通过一定渠道在潜在使用者之间传播、采用的过程。埃弗雷特·M.罗杰斯（Everett M. Rogers）将扩散界定为"与新观念有关的信息经过一段时间，通过特定方式，在某一社会团体的成员中传播的过程"。西奥多·W.舒尔茨（Thodore W. Schults）将创新扩散定义为创新通过市场和非市场的渠道传播。技术扩散并非随处可见，需要一定的必要条件。一是技术差距。扩散方和引进方之间存在技术差距是技术扩散发生的基本条件。二是技术扩散渠道。适宜的技术扩散渠道是决定技术扩散能否成功的关键因素。只有这两项条件同时满足时，技术扩散方可实现。

技术转移与技术扩散两个概念既有联系，又有区别。黄静波认为，技术转移是"技术从一方向另一方传递的过程"，而技术扩散是"技术转移的一种方式"，"是技术在空间传播或转移的过程"。还有研究认为，技术转移是科研成果由高校、科研院所向企业转移；而技术扩散是一项创新成果在第一次商业化应用后，再通过各渠道不断传播，应用范围和效应不断扩大的过程。总体而言，产业技术转移和扩散虽然在内涵上不尽相同，但是在研究具体问题时几乎可以通用，特别是在探讨其规律时应是基本一致的。

在我国政府的大力支持和企业的积极努力下，我国技术转移市场逐渐扩大。截至 2022 年，我国已支持建设国家知识产权和科技成果产权交易机构 3 家，国家技术转移区域中心 12 家，国家科技成果转移转化示范区 12 家，国家技术转移机构 420 家，国际技术转移中心 45 家，有效促进了技术要素自由流动和高效配置。截至 2021 年底，全国新型研发机构共计 2412 家，研发经费 650.02 亿元，在职人员 22.18 万人。截至 2022 年底，全国科技创业孵化载体总数超过 1.5 万家。

我国实施的"藏粮于技"战略就是产业技术转移的典型案例。这一战略强调用科学技术提高粮食生产能力。在这一战略的促进下，高校、科研院所在育种技术、精准栽培技术、绿色丰产技术等关键技术方面取得了重大突破，并通过科技下乡、产学研合作等方式将技术转移应用于农村和贫困人口。农业领域核心技术的突破和应用极大地提升了农业生产效率，推动了农业产业附加值的提升，实现了共享发展成果，提升了贫困人口生活水平，提高了人民的幸福感和获得感。

在数字化发展不断深入的当下，互联网产业与传统制造业之间的合作为技术转移、扩散提供了更多机会和可能。例如，作为科技部首批认定的创新型企业浪潮集团，坚持自主创新，凭借强大的自主创新技术，通过业务转型迅速覆盖云数据中心、云服务大数据、智慧城市、智慧企业四大产业群组，将"感、传、智、用"一体化物联网解决方案及产品运用到不同场景，利用自主创新的核心数字科技实现场景创新，承担了众多先行先试的品牌项目，打造了智慧水利——广东智慧水利、智慧政务——内蒙古自治区"蒙速办"App、智慧制造——智慧西山煤电等成功案例。

第二节　产业间科技创新合作现状与问题

自改革开放以来，我国经济发展迅速，技术水平提升，产业结构优化，国家综合实力不断提升。但不可否认的是，我国各区域发展仍存在较大差距，部分产业链仍处于低端，产业结构仍不甚合理。当今社会，国际竞争日益激烈，亟待通过加强产业合作、资源互补、劳务对接、人才交流，实现各产业之间协调发展、协同发展、共同发展。首先要对我国产业科技创新合作的现状与问题进行深入和系统的剖析。

一、我国产业间科技创新合作的发展现状

目前我国产业间科技创新合作有效促进了产业结构升级，营造和适配了产业新业态，且合作参与主体多元化。

（一）产业科技创新合作促进产业结构升级

在政府的支持和推动以及企业的共同努力下，我国产业间科技创新合作日益深化，产业结构实现了优化升级，目前呈"三二一"格局。

以闽台地区的产业合作为例。长期以来，在良好的契机与环境下，闽台两地利用产业结构高度互补的特点，实现优势互补、共同发展。一方面，台商通过产业转移、投资等方式与福建地区进行产业合作，在一定程度上促进了福建省产业技术、管理经验和经营策略的升级。另一方面，台湾地区通过与福建省进行产业合作，将部分劳动密集型产业转移至福建省，较好

地利用了福建省的人力资本优势和大陆地区的广阔市场，实现了生产成本的降低、产品竞争力的提高，为高端先进产业和现代服务业的发展腾出了空间，促进产业结构的进一步升级。由此，闽台两地通过产业合作实现了产业优势互补，共同发展、协同发展、共同繁荣。

（二）产业间科技创新合作营造和适配产业新业态

在新一代科技革命与产业革命交织推进的时代背景下，传统制造业正在面临巨大挑战。从外部来看，其市场环境、生存生态、合作方式等"大气候"都在发生巨大转变；从内在来看，其组织结构、运行机制和价值创造模式、经营策略等"小气候"也都需要快速调整转型，亟须推进质量、效率和动力的彻底变革，从而实现高质量发展。同时，新兴产业不断涌现，需要在原有的产业生态中抢占生态位。可以说，传统制造业的高质量发展和新兴产业的快速振兴都面临挑战，需要构建积极的"产业新业态"。

产业新业态是在不断变化的时代条件下对原有生态的集成、改革和创新。产业既要谋求在新业态下高质量发展，也要继承、改革和创新。在这一过程中，需要以整体的、系统的、发展的眼光看待高质量发展，从而构建健全的产业生态体系，重塑核心竞争力，构建市场秩序，适应市场竞争规则。在知识经济时代，跨界合作成为创新的一种高效方式。一方面，可以让传统产业突破原有禁锢，提高市场竞争力。另一方面，可以帮助新兴产业打开局面，在市场上得以立足。

"互联网＋制造业"便是跨界合作的典型代表。随着数字化时代的到来，智能制造成为建设制造强国的一个主攻方向。一是要强化我国制造业的科技实力，二是要瞄准制造业数字化、网络化、智能化的发展趋势，加快人工智能、工业互联网等新技术新产业的战略布局。这就需要制造业与互联网行业进行跨界合作，加强、加快人工智能、工业互联网等新技术、新产业与传统制造业进行融合，从而打造出"互联网+制造业"新模式、新业态。

这一跨界合作模式得到了国家和政府的大力支持。2018年8月，工业和信息化部公示了制造业与互联网融合发展试点示范项目名单（125个）。其中，不乏成功的典型案例。例如，百度作为互联网行业的龙头企业，始终致力于开发和应用智能驾驶技术及解决方案，自进入自动驾驶行业以来，不断谋求与北汽、长安、奇瑞等多家车企在自动驾驶方面的跨界合作，从而实现自动驾驶技术的开发突破和转化。2019年百度在国际消费类电子产品展览会上，推出了旗下自动驾驶平台Apollo的3.5版本，并与威马汽车公司达成长期战略伙伴关系，共同成立"威马&Apollo智能汽车联合技术研发中心"。可以说，产业跨界合作为传统产业焕发新机和新兴行业立足发展争取了更多的空间和时间，为构建产业新业态、促进共同发展、繁荣发挥了重要作用。

（三）产业间科技创新合作的参与主体多元化

产业间科技创新合作具有多元主体，它们在不同的合作项目中承担着不同角色。根据主体的角色和参与形式，可将我国的产业间科技创新合作分为"政府主导型"产业合作和"企业主导型"产业合作。

"政府主导型"产业合作是指由政府部门在合作中担任主导地位，推动和开展产业合作的模式。政府作为管理国家政治、经济和社会公共事务的机构，能够调动和协调多方创新资源与力量参与和支持产业合作，能够从整体角度使合作双方的资源得到最大限度的整合和匹配，同时为合作提供良好的资金、设施和政策支持。这种模式可以在短期内整合和匹配资源，达到高效率协作，在合作初期具有良好的合作效果，但长期来看缺乏灵活性和自主性，企业在产业合作中的积极性易受影响。

这一模式下的主要形式为合作建设产业园区。例如，由西安和渭南两城市合作共建的富阎产业合作园区，是大西安"北跨"战略的重要支撑和大西安万亿级工业大走廊的重要组成部分。富阎产业合作园区最大限度整合了西安和渭南两座城市在航天产业的产学研优势，重点发展航空、先进制造、新材料等产业，为促进航天产业快速发展、推进富阎一体化发展、实现大西安和关中平原城市群的共同富裕发挥了重要作用。

"企业主导型"产业合作是指由企业在合作中担任主导地位，企业可以充分利用自身特点和优势进行跨区域间的产业合作，达到企业的资源在不同区域间的优化配置。这是目前产业合作最常见、最灵活、最具持续性的合作方式。这种方式使企业能够较灵活地配置自身资源，也使企业具有较强的动力和积极性参与合作。但是，企业尤其是中小企业拥有和调动创新资源的力量较小，合作过程中缺乏支持与保障，甚至会出现"搭便车"等现象。

这一模式下的典型模式是签订合作项目，就某一具体技术或产品开发进行短期或长期合作。例如，近年来中国一汽与长春全面深化战略合作，共同推动排产、产能、配套、结算、人才、创新"六个回归"，推动中国一汽加快建设世界一流汽车企业、长春加快建设世界一流汽车城，万亿级整车、配套、服务三个产业集群加速形成。在对接合作中，一汽突出龙头作用，与各地紧密合作，促进了汽车产业的融合发展、集群集聚，增强了产业链强度和韧性。随着汽车产业的发展，省外的配套企业将逐步向省内转移，全省各地为汽车产业做强长板，汽车产业实现了蓬勃发展。

二、我国产业间科技创新合作的现存问题

虽然产业间科技创新合作在促进产业结构升级、推动科技创新、催生产业新业态方面发挥了重要作用，但是目前我国产业间科技创新合作仍存在诸多问题。只有解决这些问题，才能加速产业合作模式的优化和转型，让产业间科技创新合作更好地为我国经济社会发展服务，有效地推动共同富裕进程。

一是产业间科技创新合作权责不明确，合作双方的积极性有待提高。由于产业间科技创新合作是一个多元主体行为，因此合作过程中难免出现权责不明确的问题。尤其是合作中会涉及资源所有权等问题，难以明晰增值利益分配，从而导致参与方有"搭便车"的想法或机会主义行为，进而导致各方的积极性下降，难以达成一致，阻碍合作的继续进行。

二是市场机制不完善，企业主体地位仍有待加强，政府角色有待转变。具体表现为：首先，相关制度和政策有待完善，

知识产权的教育和保护力度有待提升，合作双方权益保护有待加强，相关法律法规有待完善；其次，缺乏龙头企业对创新链和供应链进行有效的组织与协调，缺乏多创新主体合作、能提供产业技术创新整体解决方案、系统布局的创新链；再次，创新资源的使用效率低下，存在保护主义行为，合作创新成果的质量有待提升，难以产生规模效应以实现共同富裕；最后，企业作为创新主体的自主性较弱，缺乏动力，政府在产业合作中的协调、监督和引导等公共服务职能有待充分发挥。

三是产业合作模式单一，产业创新的新范式亟待探索。主要表现为：首先，产业内各种所有制类型的企业缺乏互动、融合与联动发展，难以融入双循环发展的新格局，为共同富裕提供经济动力；其次，中小企业的发展空间有限，难以参与到现有的创新链中，产业结构仍不够完善。因此，传统合作形式的创新效能亟待提升，亟待构建新型产业技术创新合作，不仅要解决技术创新问题，还要取得制度创新、管理创新等方面的突破，充分发挥新型举国体制优势。

四是创新链与资金链的有机融合有待加强，金融体系对产业创新的催化作用仍显不足。金融可将创新资源配置到效率最高的经济部门。创新链与资金链的有机融合可以发挥协同效应，提升创新链的整体效能，为新业态下产业经济的高质量发展发挥重要的驱动作用。然而，目前创新链与资金链的融合不足，资本对于创新的支持力度、激励作用和约束作用都不足。一方面，创新链与资金链融合不足导致劳动力、土地等重要资源错配，创新资源利用率低下，产业创新能力不强，科技创新成果转化效率低下，难以发挥科技创新对经济发展的关键驱动作用。另一方面，信用体制的不完善导致现有金融体系对中小企业的支持力度不够，难以发挥金融体系对创新的驱动和支持作用，阻碍了产业合作对共同富裕发挥支撑作用。

五是合作双方互补效果不明显，部分产业合作存在同质化竞争。虽然部分产业合作属于强强联合，但是信息不对称等导致产业合作存在较大的盲目性，合作双方拥有的创新资源具有较强的同质性，互补性不足，合作双方在合作中难以发挥比较优势，无法实现资源互补、协同发展、利益共享，最终无法实现产业科技进步、共同富裕的共赢局面。同时，合作双方的战略目标存在相似度较高等问题，难以把控竞合关系的平衡，导致过度竞争。在合作中难以形成协同效应，反而相互消耗，浪费创新资源。

第三节　产业间科技创新合作模式转型

随着经济社会发展不断加速，产业分工体系不断深化与细化，产业间科技创新合作成为推动技术发展、提升产业竞争力的重要方式。在深度剖析现有问题的基础上，有必要加快推动产业间科技创新合作模式转型。

一、以融通创新实现产业创新融通合作

2018年11月，工业和信息化部会同发展改革委、财政部、国资委联合印发《促进大中小企业融通发展三年行动计划》。文件以供给侧结构性改革为主线，以打造大中小企业创新协同、产能共享、供应链互通的新型产业创新生态为目标，

着力探索和推广融通发展模式。由此，围绕产业链推进关键环节协同研发和围绕创新链推进技术突破和协同应用的融通创新发展模式正式迈上新台阶。2022 年 5 月，工业和信息化部、国家发展改革委、科技部、财政部等十一部门联合印发了《关于开展"携手行动"促进大中小企业融通创新（2022—2025年）的通知》，提出推动大中小企业融通创新的新目标、新任务、新举措，明确将通过部门联动、上下推动、市场带动，促进大中小企业创新链、产业链、供应链、数据链、资金链、服务链、人才链全面融通，着力构建大中小企业相互依存、相互促进的企业发展生态。

融通创新不仅包括传统意义上的产学研协同创新，还对处于主体地位的企业间的融通发展进行了延伸和拓展，即可细化为大中小企业融通创新、国有—民营企业融通创新。一方面，在融通创新模式下，可以发挥产业创新型领军企业对创新资源的融通聚合与创新引领作用，探索建立大中小各类主体开放式创新融通机制。鼓励创新型领军企业带动中小企业共同建设制造业创新中心，建立风险共担、利益共享的协同创新机制，提高创新转化效率。鼓励创新型领军企业联合科研机构建设协同创新公共服务平台，向中小企业提供科研基础设施及大型科研仪器，降低中小企业创新成本。塑造有利于融通创新的制度及文化环境，建立促进融通创新的人才流动机制。另一方面，推动中小企业在新的产业合作形态下实现技术的快速迭代，使科技创新成果能够通过创新链、供应链和数据链回流大企业，为大企业注入活力。最终实现产业的共同繁荣。

二、以产业创新合作的新组织形式实现产业间跨界合作

一是搭建共性技术平台。目前我国科技创新仍存在原始创新能力不强、产业核心技术水平偏低、基础产业存在核心技术空心化等亟待解决的问题。共性技术平台是实现科技与经济紧密结合、推进产学研深度融合的重要桥梁和纽带。搭建共性技术平台是突破产业关键核心技术、完善产业技术布局、实现技术自主可控的重要举措,也是解决跨行业、跨领域的关键共性技术问题的关键举措,对于提升产业技术创新水平、实现产业协同发展,共同繁荣具有重要意义。此外,共性技术平台还是推动产业链高端化转型、加强我国创新体系建设的关键力量。共性技术平台可以通过顶层设计组织跨行业、跨领域的科技力量突破关键共性技术,从而提升产业基础能力和产业链现代化水平,提升产业链的稳定性和竞争力。由于共性技术平台同时具备及时了解行业技术需求和有效提供研发活动供给的优势,因此它能够将产学研用有机地联合起来,发挥各创新主体的互补优势,突破产业共性技术瓶颈,推动产业链和创新链的有机结合,跨越从基础研究到技术创新的"死亡之谷"。

二是组建创新联合体。2021 年 5 月,习近平总书记在中国科学院第二十次院士大会、中国工程院第十五次院士大会、中国科协第十次全国代表大会上明确指出:"要发挥企业出题者作用,推进重点项目协同和研发活动一体化,加快构建龙头企业牵头、高校院所支撑、各创新主体相互协同的创新联合体,发展高效强大的共性技术供给体系,提高科技成果转移转

化成效。"① 创新联合体是一种促进国家科技发展、关键核心技术突破的有效组织形式。组建创新联合体，即在政府的鼓励下，企业与大学、科研院所联合建立产业技术研究院、产业创新联盟，共建工程中心、工程实验室和技术中心。组建创新联合体对于产业技术突破、提升产业竞争力、促进共同富裕具有重要意义。

三、建设各类技术创新服务平台以支撑产业间科技创新合作

一是加快建设科技中介机构。科技中介机构是面向社会开展技术扩散、成果转化、科技评估、创新资源配置、创新决策和管理咨询等专业化服务的机构，属于知识密集型服务业，是国家创新体系的重要组成部分。要充分发挥科技中介机构在成果筛选、市场化评估、融资服务和成果推介等方面的作用，鼓励企业探索新的商业模式和产业化路径，推动重大科技成果加速实现转化应用，提升产业技术创新能力，加快产业科技成果转化，提升产业竞争力。

二是建设技术转化经纪人制度和交易平台。政府、企业、高校和科研院所等多元化创新主体共同推进知识产权经纪人制度和交易平台建设。首先，建设促进企业创新成果转化的专业化投融资平台，为不同类型、处于不同发展阶段的创新企业提供个性化、差异化的投融资服务，开发各类符合产业技术转化过程中融资需求的产品和服务。其次，规范技术经纪人的培养

---

① 习近平:《在中国科学院第二十次院士大会、中国工程院第十五次院士大会、中国科协第十次全国代表大会上的讲话》，人民出版社 2021 年版，第 10 页。

和认证体系。在大学开设技术转化相关专业及课程，培养一批具有市场前景把控、价值预判、商务谈判、组织协调等能力和知识储备的专业技术转化经纪人，并由政府相关部门进行考核和认证，颁发资质证书。最后，建立健全规范技术经纪人行为、激励技术经纪人发挥作用等相关制度，使技术经纪人的行为专业化与规范化，提高技术转化率，提升产业竞争力。

四、建立健全产业合作体制机制以保障产业间创新合作

建立健全产业合作体制机制，可从加强创新链与资金链的融合创新、建立健全人才培养体系和人才流动机制入手。

一是加强创新链与资金链的融合创新。进一步促进科技与金融的融合，构建深度参与的资本服务体系，提升企业技术创新的效能。推动投资理念变革，加速资本市场和金融工具改革创新，坚持科技与金融的融合，充分发挥国家中小企业发展基金、国家新兴产业创业投资引导基金、国家科技成果转化引导基金等的作用，进一步壮大天使投资、创业投资和产业投资，强化对种子期、初创期创业企业的直接融资支持。促进产业各类型、各阶段企业的共同成长。

二是建立健全人才培养体系和人才流动机制。例如，深入实施"卓越工程师"培养计划，培养和造就一批适应企业创新需要和产业高质量发展的工程技术人才；加强创新人才供给，促进创新人才产学协同培养；推动大企业与中小企业通过建立产业人才工作站、合作开发项目等方式开展人才培养及流动的全方位合作，培养产业高端技术人才；支持创新联盟成员开展共同人才培养等。

第七章　共同富裕视野下的人民创新范式

在当今中国的创新实践中，大型国有和民营企业充当着主要创新者的角色，集中了来自国家和社会的优质资源，并通过资源高投入在企业内部进行封闭创新。然而，随着市场和国际环境的动态演变，生产者创新模式在中国情境下的局限也开始显现，表现为过度依赖资源投入而导致资源利用率下降与负外部性出现。中国经济转型升级所面临的一个重要挑战是如何弥补生产者创新动力的不足，并找寻到一条能最大限度地激发全社会创新活力的路径。人民创新是根植于现代社会经济条件的创新范式。这一新的理论范式将为中国的万众创新和创新驱动发展战略提供理论支持，通过激发广泛的社会群体的创新活力，为中国经济和社会的繁荣发展探索新的引擎。

第一节　人民创新的概念内涵

创新不仅是经济和社会繁荣的主要动力，而且是人类文明不断进步的主要动力。这一观点已被理论界和实践界广泛接受。随着知识经济的繁荣和信息通信技术的发展，创新范式由生产者创新向非生产者创新转变已是必然趋势。现有的非生产者创新范式试图为获得分散的个体隐性知识并将之转化为创新提供理论依据。例如，草根创新探索自下而上的非生产者创新；免费创新（free innovation）和公共创新侧重于个人在家庭部门或日常生活中的创新行为和成果；社会创新是指社会组织为实现社会目标而进行的创新。这些创新范式的共同之处在于它们都处于特定的环境中。虽然前面提到的非生产者创新范式有效地探索了分散的个体隐性知识的潜力，但是很少有人从更广泛的社会角度讨论如何为之提供明确的治理机制，以确保创新的正外部性。另外，协同创新具有积极的经济和社会潜力，然而现有研究缺乏对能够实现协同创新的组织形式的理论探索。

为了丰富关于非生产者创新的现有研究，我们引入人民创新，进一步探索人民作为创新者的创新范式。人民创新将已有研究中对创新主体的定义从生产者及其周边群体扩展到广泛的社会群体，关注通过开放协作式社群组织起来的个人从事的、以创造社会公共物品为目的的"民主化"创新活动，为国家和社会在面对多变的外界环境时，如何通过创新的民主化最大化创新的广度，激发全社会创新的活力，从而实现经济发展和社会福利的创造提供新的理论范式。

一、人民参与的创新

人民创新范式强调个人参与创新活动的"声音"和"责任"。一方面，鼓励个人表达自己的声音，参与创新，根据个人独特的知识和经验发现多样化的创新机会——这有助于避免生产者创新经常遭受的"锁定"问题，自愿地揭示创新的相关知识——这可以有效地识别和利用那些广泛分散于人民群体中的隐性知识。另一方面，人民的角色包含了权利和义务。作为创新者，他们可以对活动的后果和不确定性承担更直接和明确的责任。与免费创新或公共创新不同，人民创新更多的是选择问题并寻找解决方案。这些问题不仅对创新者有利，而且可能产生正外部性。

二、开放协作式社群

人民创新强调协同创新。而要实现协同创新，就必须寻找合适的组织形式——既能促进个体创新者间的协作，又能保持他们对创新的热情。新制度经济学提供了组织范式——层级组织或市场。层级组织与生产者范式下的组织一致。在层级组织中，高层管理人员制定由行业专家和研发部门精英实施的创新战略，指挥链在内部组织和沟通中至关重要，创新活动的边界由相对稳定的组织边界决定。相反，艺术家、作家和设计师等作为创新者在市场上进行创新活动，通常负责整个过程——从想法产生到实施和商业化，市场上个人之间是交易关系而非合作关系。

开放协作式社群是适合开展人民创新的一种组织形式，既不同于层级组织，也不同于市场。与层级组织相比，开放协作式社群具有扁平的"对等群体"结构，没有指挥链，也没有任何有权发布命令的领导人，具有更动态和更灵活的边界。与市场相比，开放协作式社群支持和促进协作知识共享和创新，创新者与其他个人进行交易，而非以市场形式进行合作。

信息通信技术的快速发展为这种新型组织形式的产生奠定了技术基础。开放协作式社群由被相似的目标或兴趣吸引的松散的参与者组成，没有实体组织和地理的限制。这些参与者都是由易于获取的设计和通信工具授权的个体创新者。每个创新者都可以在独立工作的同时与他人合作进行创新。开放协作式社群的成员通常利用在线工具进行虚拟交流和交互。此外，以开放协作式社群组织起来的人民创新的一个重要特点是创新成果可以通过模块化的方式进行整合，变成公共物品。基于预定义的接口和协议，模块化设计架构允许每个参与者的工作输出可集成到一个更重要的创新项目上。

第二节　共同富裕与人民创新的内在逻辑关系

人民创新范式的提出，在创新理论层面对于探索共同富裕的实践和最终实现有一定的意义。共同富裕与人民创新的内在逻辑关系主要表现为主体一致性、价值观一致性以及最终目的一致性。

一、主体一致性

共同富裕和人民创新的主体都是人民，两者具有主体一致性。

共同富裕是全体人民在党的领导和国家制度的保障下，共同创造美好生活的过程和结果。党的十八大以来，习近平总书记提出以人民为中心的发展思想和新发展理念，明确强调"共同富裕是中国特色社会主义的根本原则"[1]，"实现共同富裕不仅

---

① 习近平：《紧紧围绕坚持和发展中国特色社会主义 学习宣传贯彻党的十八大精神——在十八届中共中央政治局第一次集体学习时的讲话》，人民出版社2012年版，第9页。

是经济问题,而且是关系党的执政基础的重大政治问题"①。在2035年基本实现社会主义现代化远景目标中,提到要让"人民平等参与、平等发展权利得到充分保障"②。

实现共同富裕的重要路径之一是激发人民的创造性和创新活力,并在日益完善的制度保障下,使人民得到平等参与和发展的机会,在自我实现的同时为经济和社会的向前发展贡献力量。宏观维度的发展最终会落实到个人层面,无论是创造充足的就业机会,还是保证个人在地区间自由迁徙,都是为了最大限度地激发个人的想象力和创造力,从而让个人挑战自我,增加社会的创新活力。

人民创新范式强调的人民参与创新呼应了共同富裕中以人民为本的思想本质。人民创新是大众参与,以开放协作为组织形式,为社会贡献具有经济价值的公共物品的创新。人民创新理论框架的建立基于的理论假设是有用的知识广泛地分散于大众中。

二、价值观一致性

共同富裕和人民创新都彰显了社会价值观的重要性,两者皆主张人们追求自我实现和"美好生活"。

共同富裕既是人民群众物质生活富裕,也是精神生活富裕。2023年《政府工作报告》提出:"丰富人民群众精神文化

---

① 习近平:《论把握新发展阶段、贯彻新发展理念、构建新发展格局》,中央文献出版社2021年版,第480页。

② 《中国共产党第十九届中央委员会第五次全体会议公报》,人民出版社2020年版,第8页。

生活。培育和践行社会主义核心价值观。深化群众性精神文明创建。"①精神生活富裕是人最高层次的生活体验，是来自灵魂深处的幸福感觉。精神生活富裕是人们在社会实践活动中主观世界不断得到改造完善，精神需求不断得到满足，精神生活不断得到充实提高的过程和状态，是人民对美好生活向往的核心指征。精神生活富裕是促进人的全面发展的重要内容，人的全面发展是社会主义追求的理想目标，是指人的各种能力、素质、需要、关系等方面的整体全面发展，是人实现自我飞跃的过程。

创新活动的广度和深度决定了一个民族的繁荣程度。如果一个国家认识不到这一点，那么所制定的政策和所采取的行动很可能打击和削弱其社会创新活力。而能够促进国家繁荣的社会创新活力则来自社会中的每个个体的自我实现动力。自我实现的本质是人们通过工作重新发现自己的天赋和能力。对自我实现的渴望驱动人们探索和发挥自己的天赋和能力。在解决和探索复杂问题的过程中，能力发挥的充分程度直接影响人们从中获得的幸福感。因此，解决问题和探索未知的经历本身就是一种激励。那么，能够激发个体的自我实现动力的社会价值观是怎样的呢？埃德蒙德·S.菲尔普斯认为，它首先能够唤醒个体产生自我实现的愿望，具体表现形式可能是探索和尝试的欲望、面对并解决智识性挑战的可能性，其次还要求个体唤起并使用自己的想象力和洞察力。"美好生活"表达了一种人文精神，是指人们经过认真思考所选择的生活方式。这种生活方式

---

① 李克强：《政府工作报告——2023年3月5日在第十四届全国人民代表大会第一次会议上》，人民出版社2023年版，第29页。

是人们追求的终极目标，更注重人们的内心状况和精神状态，鼓励自我价值的实现。个体愿意从事创新活动，除了追求经济利益，也会被解决问题和探索新的经验本身带来的美好体验驱动。

三、最终目的一致性

在中国特色社会主义背景下，共同富裕和人民创新都是实现国家和社会繁荣的有效手段。

从实践意义来讲，共同富裕是社会主义实践的既定道路，有助于巩固党和国家在一百多年前确立的社会主义道路，增强人民的凝聚力。只有走共同富裕的发展道路，才能打破兴衰循环，遏制历史发展过程中不平等加剧造成的混乱，摆脱资本主义国家经济社会发展中的各种困难和危机，凝聚全社会力量，加快提高生产力和生活质量。

人民创新范式强调人民在自下而上的社会创新活动中的独特作用，其中一个重要假设是有用的知识广泛地分布于人民群众中。创新所需知识的分散性导致群众拥有信息的不对称，并为个体参与创新活动创造了一个潜在的"知识走廊"。他们可以足够警觉地识别创新机会和发现解决方案，为社会福利的改善作出积极贡献。人民创新的一个重要特征是创新主体免费发布创新的成果，为社会贡献公共物品。

第三节　共同富裕视野下中国人民创新的主要实现构面

一、实施区域协调发展与高质量城镇化相融合的战略

未来缩小区域发展差距、实现区域协调发展的过程将在很大程度上与缩小城乡差距、推进高质量城镇化的过程相统一。应顺应这一趋势，立足"人"而非"土地"的发展，尊重人民群众的迁徙意愿，为人口和劳动力的跨地区流动、城乡间流动创造政策便利，切实推动外来人口全方位融入城市、融入常住地，享受均等公共服务。在顺应人口向城镇转移和农村一体化趋势的基础上，依托地方优势，发展产出效益较高的特色产业，发展财政上可持续的农村公共服务产品和运营模式，从而确保农村居民获得与城市居民同等的基本公共服务、相近的生活水平和生活环境。

二、倡导并积极推行鼓励个体自我实现和追求"美好生活"的现代价值观

建立鼓励人民创新的现代价值观，唤起人们探索和创造的愿望，鼓励个体为实现对"美好生活"的追求而奋斗，在此过程中点燃大众的创新动力。在社会中不断强化个体内驱力的要求，破除以追求金钱回报和外在激励为唯一目的的价值观。

一方面，引导人们体验并珍视非物质层面的回报。例如，更加关注知识挑战带来的刺激感、探索未知带来的成就感、成

功解决问题带来的喜悦感。另一方面，通过教育和文化宣传让人们向内充分认识自我、向外保持旺盛的好奇心，发现外在世界的丰富多彩，在此基础上追求个体的自我实现。另外，在政策制定和实施的过程中，充分考虑与价值观相关的人性和人文因素，从人文主义的角度出发，关怀人性、关注个体，为人民创新提供自由和安全的环境。个体在精神和心理层面对正确道路的选择会最终汇成一股蓬勃向上的动力，创造力和想象力的迸发会为社会和经济的发展带来无穷的创新活力。

第八章　共同富裕视野下的公共创新范式

随着创新范式的不断演进，商业财富的提升已远不能囊括所有的创新目的，社会财富的提升开始进入公众的视野。人们对创新的认识也进一步拓展，发现创新并不仅仅发生在企业内部、以商业财富提升为目的，也可以发生在企业之外的个人、家庭等非商业部门中。与商业领域内的创新截然不同，公共创新的目的在于提升真实财富，服务对象是创新者自身及所在社区。

第一节　公共创新与创新公地

一、公共创新的概念内涵

公共创新的概念由彼得·斯旺（Peter Swann）提出，是指发生在企业及政府领域之外，由普通民众为了提升个人和所在社区的利益而进行的创新活动。公共创新概念的提出，为发展提升社会福利和人类福祉的创新进一步提供了理论支持。

与追求经济利益的商业创新截然不同，公共创新不再追求商业性质的目标。公共创新的创新者也不再局限于企业内部，而是普通的个体家庭、俱乐部及社区等非商业部门。具体而言，公共创新活动并非发生在企业内，而是存在于人类生活和社会的方方面面。与具有高科技含量的创新活动也不同，公共创新存在于普通人的工作和生活中。例如，新冠肺炎疫情初期，在医疗资源相对缺乏的情况下，人们利用手边的材料自制口罩和防护面具等，用以提升家人及所在社区的疫情防控能力，这类活动都可以被视为公共创新。此外，无论是什么类型的创新，最终消费者无外乎个人和家庭。因此，公共创新这一直接服务于创新者本人和所在社区的创新范式，对于提升社会福利、增进公众福祉具有非常重要的意义。

要说明的是，虽然公共创新不再强调商业化这一过程，但是这并不意味着公共创新不能向商业财富进行转化。相反，恰恰由于公共创新更为贴近用户的生活需求，具有更为广泛的创新参与者，因此加以利用可更好地实现创新向商业价值的转化。也正是由于公共创新的参与者主要是较为分散的普通民众，因此公共创新活动的完成在一定程度上需要政府、企业和社会的共同支持。同时，由于公共创新的成果较为分散，成果价值具有较高的不确定性，因此需要对公共创新的成果进行汇集，以便对接相应资源实现成果转化，创造经济财富，促进共同富裕。

二、公共创新的治理——创新公地

经济学家杰森·波茨（Jason Potts）针对发生在创新前期的创新资源汇聚及转化过程，并结合诺贝尔经济学奖获得者埃莉诺·奥斯特罗姆（Elinor Ostrom）提出的公共事务治理之道，提出了创新公地的概念。创新公地是一种发生在熊彼特定义的创新商业化之前的新思想和新技术的产生和生产过程，这一过程主要实现创新发生前期的知识和资源汇聚及机会搜索和发现。由于此时创新并不具有商业化价值，在很大程度上具有公共物品的性质，因此形成了基于非正式制度的活动空间。

从性质和形式看，创新公地与自然资源公地具有一定的相似性。创新公地与其他类型的公地一样，拥有可供成员共同使用的资源，如研究设备、文化公地和知识公地等。但是，创新公地又不同于其他公地。一是资源不同。创新公地的资源往往由两种不同类型的资源组成——新的想法、技术及知识，以及其他相关的资源。二是创新公地的资源总量并非一成不变，而是随着用户的贡献和创造呈现实现资源增长，是一个动态过程。

创新公地可作为创新活动正式发生前知识和资源聚集及创业机会搜索和发现的前端过程，对创新的后续发展具有至关重要的作用。创新过程主要包括两个发现——技术发现（科学技术研发部分）和市场发现（企业家、企业及市场应用部分）。然而，仅有技术发现并不能形成熊彼特定义的传统意义上的创新，必须技术发现与市场发现相结合才能实现创新过程。显然，在市场发现前的技术和知识等创新资源的汇集是一个非常重要的过程。而创新公地正是在此过程中发挥了至关重要的作用。

在创新正式发生前的信息、知识和资源的汇聚以及机会的搜索和发现充满着风险和不确定性。而创新公地以较低成本连接了广泛分布的创新资源，并以一种近乎免费和自由的方式为人们降低了创新风险。由于创新发生前期的这部分资源信息的价值具有不确定性——有时资源只有在组合的情况下才有意义，且通常需要实践才能验证价值，因此政府和企业都不是整合此类资源的最佳组织。相比之下，公地的组织形式在资源汇聚和管理方面的优势逐渐凸显。公地的组织形式使得知识和资源的获取边界得以打开，并为知识和资源的汇聚提供了更为便捷的途径。创新公地正是通过这样的属性，汇聚来自不同区域和不同领域的异质性的、分散的信息和资源，形成丰富的创新资源库，从而产生知识集聚效应。这不仅有助于使用者个人搜索到有价值的信息，而且有助于企业家发现创业机会、降低创新和创业的成本。究其根本，创新公地中的异质性信息和资源是改变商业模式、创建企业、获得外部融资、生产新产品乃至最终构建市场和实现行业增长所必需的。因此，虽然创新公地并不能直接创造经济财富，但却是创新过程中必不可少的一部分，对创新的发生、经济价值乃至社会价值的提升具有重要作用。

创新公地作为一种激励合作的治理机制，将分布式信息、知识等汇集到创新活动中，旨在促进信息共享，最大限度地提高发现机会的可能性，目的在于促进企业识别经济机会。共同富裕的目标在于不断提高"共享"层次，使全行业、全领域共享科技创新带来的经济高质量发展成果。因此，创新公地理论体系同样适用于共同富裕框架下的科技创新发展。企业、投资人、科研工作者、政府部门以及社会集体等各个参与主体，均可在科技创新的大环境中精准定位并从中获取红利，使科技创新成果从"价值独享"向"分类共享"过渡。

进入数字经济时代后，数字技术的不断发展为数字公地的创建奠定了重要的技术基础，形成了一系列数字分享平台。这种具有公地性质的数字平台和在线社区蓬勃发展，成为共享经济的重要组成部分。我们必须关注来自公共领域的创新，充分认识创新公地对创新活动的支持性作用，以便帮助政府制定合理有效的创新政策，帮助企业正确利用创新公地激活创新等。

第二节　共同富裕与公共创新的关系与实践经验

公共创新在创造社会财富、增进人民福祉方面发挥着重要作用，顺应了中国共同富裕与大同世界的中国梦的要求，为我国科技创新范式的转型提供了一个可以借鉴的思路和途径。

一、共同富裕与公共创新的内在逻辑关系

共同富裕与公共创新之间的内在逻辑关系主要表现为以下三个方面。

首先，共同富裕和公共创新都强调普通大众在财富创造方面的重要作用。科技创新是经济高质量发展的根本保障，经济发展在促进共同富裕中发挥着重要的支撑作用，而无论是经济建设还是创新发展，都离不开公众的伟大力量。2015年，习近平总书记在中央城市工作会议上提出了"三只手合力论"，即统筹政府、社会、市民三大主体积极性。[①]2014年9月，李克强提出"大众创业、万众创新"的理念，将普通公众作为重要的创新主体，强调"让人们在创造财富的过程中，更好地实现精神追求和自身价值"。2019年的国务院政府工作报告再

---

① 参见《中央城市工作会议在北京举行》，《人民日报》2015年12月23日。

次指出，要大力优化创新生态，调动各类创新主体积极性。因此，共同富裕的实现需要在党和政府的战略布局下依靠人民大众的集体力量，依靠全体人民的共同奋斗。而公共创新概念的提出强化了社会力量在创新中的重要作用。在公共创新范式下，创新主体转变为非商业性质的普通民众、家庭等。这种来自人民大众的创新实践对我国实现共同富裕将发挥重要作用。

其次，共同富裕和公共创新的目标是一致的，即创造社会财富、增进人民福祉。我国是社会主义国家，社会主义最大的优越性就是共同富裕，国家发展的根本目标是增进十几亿人的福祉。改革开放以来，我国一直以经济建设为中心，而社会建设相对滞后，中国面临从经济建设向社会建设的重大转型。从经济建设转向社会建设，必须关心社会福利和人民福祉。实现共同富裕，是实现全体人民的同步富裕。而公共创新直接作用于创新最终的服务单元——创新者自身及所在的社区，其目的在于提升真实财富，与追求经济利益的商业创新截然不同。因此，公共创新对于当代中国的社会建设具有非凡意义。

最后，公共创新在中国的创新发展中具有广阔空间，其内涵在中国情境下得以进一步拓展。在中国情境下，公共创新的主体不仅仅是企业外部的个人、家庭等，国有企业甚至其他企业中的公共部门等也可以成为公共创新的主体。作为一个社会主义国家，我国强调的是集体主义文化。在这样的大背景下，我国企业存在的目的不应仅仅是追求商业利益，还必须将国家和人民的利益作为自身发展的重要目标。尤其是国有企业在从事生产运营活动、追求经济利益的同时，兼有社会保障、社会福利及社会管理等多种职能。因此，不同于西方那些强调个人主义的国家，在中国，公共创新的主体也可以是企业中的公共部门。这些公共部门不以追求商业利益为目的，而以增进人民福祉作为发展动力。

二、中国公共创新的实践经验

本部分以抗击新冠肺炎疫情的公共创新和基于创客空间的公共创新为例，说明我国在公共创新方面的优秀实践。

（一）抗击新冠肺炎疫情的公共创新

面对卫生等公共领域的问题，公共创新和创新公地体现出独特优势。

公共创新在新冠肺炎疫情暴发初期有效地解决了我国物资短缺问题，在满足民众个人需求乃至稳定疫情防控大局等方面发挥了重要作用。公共创新的创新者为普通民众，更关注创新产生的使用价值和社会价值，而非传统商业创新关注的经济价值。当出现突发事件导致物资紧缺问题时，商业创新并不能解决所有的供需问题。广大民众面对自身的生活和生产需求，发挥分布广泛、直接面向创新使用群体、形式灵活多样等优势，汇聚经验和智慧，提出有针对性的解决方案，将个人创新成果传播至社区或更广泛的地区，满足所在社区民众甚至其他地区有类似需求的民众的需求，在提升公共资源使用价值方面发挥着重要作用。

创新公地则是汇聚公共创新的一种有效形式。通过构建交流平台，形成面向公共卫生的创新公地，使得来自民间的公共创新得以有效汇聚，并免费分享给其他使用者。例如，中华医学会支持下组建的"聚智国际中医药共享平台"就为全球新冠肺炎疫情的防控和治疗提供了一个"创新公地"。该平台利用数字技术汇聚了海内外多名经验丰富的专家，免费向世界各国分享关于新冠感染的中医药诊疗技术和临床经验，同时汲取国外西医治疗手段，形成一个长期的国际化中医药学术交流机制，以共同应对新冠肺炎疫情给人类带来的巨大挑战。在构建中西医合作医疗机制的同时，不仅提升了中医药在医疗领域的应用价值，而且为我国中草药种植产业、中药成药制备产业等多个行业提供了用户需求和创业机会。随着新的公共需求和市场需求出现，相关领域的就业机会和创业机遇可在一定程度上缓解突发公共事件带来的贫困现象。

（二）基于创客空间的公共创新

创客空间是指在学校、图书馆或独立的公共／私人设施中，利用高科技或非科技工具进行制作、学习、探索和分享的协作工作空间，是一种新形式的基础设施，旨在支持消费者创新和非创新的创意活动。创客空间面向大众开放，无论是企业家还是普通民众都可以进入创客空间成为一名创客，主动参与创新创业活动。有些创客空间配备各种制造商设备，如 3D 打印机、激光切割机、数控机床等，为创客开展创新活动提供基本支持；有些创客空间只是提供数字平台连接异质性资源，满足创客的创新需求。创客空间的组织形式并不是固定不变的，博物馆、社区空间、大学、公共图书馆、平台型企业等都在快速地构建创客空间。

创客空间通过汇聚众多的创新资源，能够促进创新和创新成果扩散。来自人民大众及家庭部门的公共创新大多发生在家庭和社区场景中，并不能实现快速扩散，有必要成立创客空间帮助其实现最大实用价值，并进一步实现从社会财富向经济财富的转化。将这部分公共创新转化为经济价值，也有助于增加普通民众的经济收入，符合我国共同富裕的目标。在创客空间中，创新者在许多方面与消费者高度贴近。而消费者与生产者的近距离接触使得创客空间中的创新协作活动更为高效、创新成果扩散更为快速。

本质上讲，创客空间具有创新公地的基本属性。例如，在创客空间中，病人可与医生共同探索治疗方案，并通过创客空间聚集的资源降低外部因素带来的巨大成本，如资源获取成本、合作者寻找成本等。由此可见，创客空间实际上提供了一种基础设施，具有增加消费者创新、加速创新成果扩散和提升社会福利的潜力，值得政府支持。

我国各级政府充分重视创客空间的建设工作。例如，2015年天津市政府推出了一系列关于发展众创空间推进大众创新创业的政策措施，提出对各级众创空间进行基金支持和财政补助，并通过放宽企业注册资本等条件，积极鼓励人民大众加入创新创业队伍中；杭州市通过认定奖励、资质鼓励、房租补贴、设施补助、活动资助、成果激励、项目培育、融资支持及基金引导等多种手段，鼓励形成创客社区，大力推动人民大众的公共创新发展。众多举措大大激发了普通民众的创新活力，有利于将普通民众的公共创新转化为经济价值，从而提升人民的经济财富，有利于共同富裕的早日实现。

第三节 共同富裕视野下中国公共创新的
主要实现构面

公共创新是一个复杂的过程，涉及知识、信息、人力、物资和资金等多种资源的流入以及众多创新主体的沟通与合作，仅依靠传统的创新模式无法取得质的飞跃，需要构建一个多中心的公共创新体系，体系中的每个人或每个部门都要充分发挥创新主体的作用，聚集政府、企业及社会三方力量共同推进创新发展。

一、加强顶层设计，完善体制机制

由于公共创新中创新主体的范围较广、创新动机较为多元，因此公共创新的治理需要在社区自主治理的基础上加强顶层设计、完善体制机制，进一步对公共创新加以促进和保护。一是针对我国人民群众创新动力不足的问题，从体制机制的角度出发，全面激发人民群众的创新活力，从政策补贴、技术支持等方面为公共创新的发展提供全方位的指导和支持，鼓励人民群众积极分享公共创新成果。二是针对公共创新的特点，形成针对性的创新成果保护机制，全方位保护公共创新在产生、传播和扩散过程中的知识产权，建立全过程的可追溯管理流程，真正做到与创新成果相关的利益共享。在新型公共创新体制机制下，通过充分激发公众的创新活力、全面保障创新者利益，逐步将公共创新成果的社会福利转化为经济财富，从而增加创新者的经济收益。

二、促进万众创新，形成创新文化

创新文化是指与创新活动相关的社会氛围和文化形态，包括一系列关于创新的价值观以及体制机制等。一国的公共创新文化氛围表明了该国的社会公众对公共创新的态度和价值取向。良好的创新文化氛围对于创新有着非常积极的促进作用。我国对科技创新日益重视，国家在创新文化培育方面也作出了较大努力。随着数字化时代的到来，新的创新组织不断涌现，许多创新平台日渐兴起，逐步形成了多样化的创新生态。目前我国在公共数字平台等方面的相关技术足以支撑公共创新的发展，但仍需要进一步培育社会公众的创新文化氛围，充分激发民众的创新活力。创新发展需要营造开放宽容的文化氛围，同时要形成社会对创新的保护意识。开放宽容的文化氛围有助于激发人民大众参与创新的热情，鼓励人民大众贡献更多的创新成果，使更多的人受益。社会对创新的保护意识对于公共创新也尤为重要，因为公共创新的初衷并非追求经济利益，创新成果在很多情况下是由创新者免费分享的，这部分创新通常不会申请专利，此时社会保护意识将为创新者提供保障。

三、建立创新公地，促进成果转化

由于公共创新的经济价值具有较大的不确定性，政府和企业无法有效地对之进行干预，因此采用创新公地的形式有利于实现对公共创新成果的有效管理。尽管大部分公共创新成果是免费分享的，但这并不意味着其不具有转化为商业价值的潜力。构建数字化公共创新平台，有效汇聚公共创新资源，不仅有利于公共创新活动的开展，而且有利于公共创新成果的扩散。同时，数字化公共创新平台不仅对接公共创新者，而且对接市场需求方以及企业和政府等。借助创新公地，公共创新成果可以呈现在公众视野中，从而增加其转化为经济财富的机会。一方面，创业者或企业可以从创新公地中更为便捷地接触公共创新成果；另一方面，公共创新者也可从创新公地中顺利对接外界资源。上述两方面共同作用，帮助公共创新成果转化为经济财富，在一定程度上促进共同富裕。

综上所述，尽管公共创新是由人民大众自发进行的，并非为追求经济利润，但是由于公共创新贴近消费者需求，能够较好地增加社会福利，同时具备转化为经济财富的潜力，因此需要从体制机制设计、创新文化培育及创新公地构建等多个方面着手，全面激发公共创新活力，促进公共创新成果转化，真正做到将民间智慧转化为经济收益，让人民大众在公共创新过程中同时获得使用价值和经济财富，真正通过创新实现共同富裕。

第九章　共同富裕视野下的
企业社会责任创新范式

2020 年 7 月，习近平总书记在企业家座谈会上指出："企业既有经济责任、法律责任，也有社会责任、道德责任。"[①] 积极履行社会责任是企业高质量发展和可持续发展的重要保障。进入新发展阶段，我国迈上实现全体人民共同富裕的新征程，要坚持把增进人民福祉、促进人的全面发展、朝着共同富裕方向稳步前进作为经济发展的出发点和落脚点。共同富裕应成为企业履行社会责任的目标使命。本章立足共同富裕的时代要求，提出企业社会责任底层逻辑的系统性超越，以及共同富裕视野下企业社会责任范式的创新方向。

第一节　企业社会责任的发展历程

自第一次工业革命的"工厂制"组织形成以来，企业的生产与运营便逐步开始嵌入并影响社会。学界与业界围绕企业究竟是否应承担社会责任、承担何种社会责任以及如何承担社会责任等议题展开了深入研究与讨论。

---

① 习近平：《论把握新发展阶段、贯彻新发展理念、构建新发展格局》，中央文献出版社 2021 年版，第 361 页。

一、企业社会责任的理论发展与实践探索

20世纪50年代前期，真正意义上的公司制逐步形成。企业是否需要对股东承担社会责任、对股东以外的其他利益相关方承担社会责任，成为公司治理理论、经济法学等领域的学者关注的重要话题。步入20世纪70年代，企业社会责任的理论发展和实践探索在真正意义上起步。这一时期突出表现为企业社会责任的各类基础理论逐步走进管理学理论大厦。其中，企业社会责任金字塔模型、利益相关方理论、三重底线理论等为企业开展社会责任管理与实践提供了理论基础。自20世纪70年代后，在企业社会责任得到理论界与业界正名的前提下，企业逐步在管理实践中接受企业社会责任并主动开展相应的企业社会责任实践，推动企业逐步嵌入社会，承担对企业利益相关方的多维责任。实质上，企业社会责任研究回答的不仅仅是企业与社会的基本关系问题，其底层逻辑还关系到企业社会责任实践中"人"的基本属性、企业社会责任管理与实践组织的基本属性、企业与社会的基本关系以及企业社会责任管理与实践活动的基本价值取向等问题。

二、中国企业社会责任管理与实践现状

聚焦到我国的管理实践情境。中国企业社会责任管理与实践是从改革开放以来有了真正意义上的市场主体开始的，因此中国企业社会责任管理与实践的总体进程落后于西方发达国家，企业社会责任的认知理念和实践绩效也处于相对滞后状态。从企业社会责任管理与实践的基本进程来看，根据中国社

会科学院经济学部企业社会责任研究中心发布的《企业社会责任蓝皮书：中国企业社会责任研究报告2022》中的数据：自2009年开始，中国企业300强的社会责任发展指数在波动中上升，从2009年的15.2分上升到2022年的36.4分；2022年国有企业100强的社会责任发展指数为55.5分，民营企业100强的社会责任发展指数为33.4分，国有企业的社会责任发展指数连续14年领先于民营企业和外资企业；超过六成的企业未开展企业社会责任管理活动。中国企业管理研究会企业社会责任专业委员会与北京融智企业社会责任研究所共同研究发布的《中国上市公司社会责任能力成熟度报告（2017—2018）》同样显示：中国上市公司的社会责任能力成熟度整体偏低，整体上依然处于弱能级状态，中国上市公司普遍没有建立社会责任推进管理体系，缺乏专项的社会责任能力建设，对企业社会责任管理的相关专项投入、企业综合价值创造能力依然偏低。以上研究说明，当前我国企业的社会责任管理活动依然在较大程度上脱离于企业的一般管理活动，企业未能将社会责任管理模式和管理认知理念有效地嵌入企业的生产管理、运营管理和创新管理等体系中，呈现出较大程度的"脱嵌"色彩。

党的十八大以来，我国社会主义市场经济体制经过40多年的建设与发展，市场在资源配置过程中的作用日益强化，政府与市场的边界逐步明晰，企业在市场活动中的主体地位日益强化。我国市场经济制度体系不断优化，社会与民生领域也获得了充足发展，尤其是全面建成小康社会以及脱贫攻坚战的决定性胜利为实现共同富裕奠定了基础。区别于市场主导的第一次分配体系和政府主导的第二次分配体系，企业主导的第三次分配体系更强调企业的社会属性以及企业承担社会责任、推动社会责任实践创新，更好地释放、强化企业的社会生产力，最终实现企业主导的第三次分配体系的系统优化，为实现共同富裕开辟新路。

第二节　共同富裕视野下企业社会责任底层逻辑的再超越

本节立足共同富裕的时代要求，提出了企业社会责任底层逻辑的系统性超越，包括对人性假设逻辑、企业与社会间基本关系的认知逻辑、企业社会责任实践逻辑的多维度超越。

一、人性假设的逻辑："经济人""社会人"假设向"共享人"收敛

人性假设是推演行为主体的一切行为的逻辑起点，也是组织管理活动与经济学理论的核心底层理论。从新古典经济学的视角来看，其构筑的理论大厦本质上是将各类主体视为"经济人"。作为市场组织，企业秉承"经济人"的行为假设，即企业的一切运营管理活动皆来自对经济利润的追逐，且这种经济利润是最大化股东价值。组织管理过程中的企业社会责任管理活动或组织业务实践中的企业社会责任议题实践活动，均需要契合股东最大化的经济价值，即需要满足企业经济与市场竞争的基本底线，企业社会责任方能成为企业一种正常的、不加修饰的社会活动。更为关键的是，在现代公司治理体系下，以"理性人"为基本假设的经理层或战略决策者，在做企业社会

责任战略决策时所遵循的逻辑也是经济利益最大化。企业社会责任被嵌入传统战略竞争框架中的首要前提，便是企业社会责任产生的企业价值与所投入成本至少处于均衡状态。因此，不管是经济学中强调的企业"经济人"假设，还是管理学中强调的决策者"理性人"假设，企业社会责任本质上是附属于企业日常运营管理活动中的，呈现的是企业社会责任管理与实践和企业日常运营管理活动"两张皮"。企业伪社会责任行为、企业社会责任寻租行为以及企业社会责任缺失行为相对难以规避，利益相关方的价值诉求难以真正融入企业的价值创造范畴中。

与"经济人"相悖的是"社会人"假设，即管理活动中的决策主体本质上具有社会属性，企业也具有社会属性。在社会属性下，"社会人"驱动的企业运营决策本质上需要符合社会利益和社会价值，企业社会责任便成为一种必要的责任。但是，完全基于"社会人"假设的企业运营逻辑会导致企业过度社会化后，从而迷失企业的经济属性，易使企业难以创造满意的经济价值，最终产生企业作为市场主体的合法性挑战，企业社会责任行为也难以产生可持续的、由经济价值与社会价值构成的综合价值。

共同富裕目标的实现需要在底层人性假设上超越西方新古典经济学倡导的"经济人"和"社会人"假设，以"共享人"为逻辑原点，行为主体的决策活动不是简单地契合个体经济价值最大化或社会价值最大化，而是强调构建更大范围的价值共创网络，并在价值实现上契合经济、社会与环境价值的综合价值创造需求，满足企业股东以外多元利益相关方的价值，并最大限度地实现价值分配机制改善，进而实现真正意义上的共享价值创造。

二、企业与社会间基本关系的认知逻辑：嵌入观转向内生融合观

从企业与社会间基本关系的视角来看，长期以来，在新古典经济学的视野下，企业被认为是基于既定生产函数投入既定生产要素实现产品服务供给的"黑箱"，企业基于生产要素价格和市场供给状况作出企业产品供给的最优决策，其最终目的是实现产品与服务的利润最大化。在这一市场逻辑假设下，企业是追求市场极致利润的生产机器，其唯一的功能便是组合生产要素或引入新的生产要素实现产品市场供给的创新。因此，在一定程度上企业与市场之间存在互嵌式关系。尤其是在新制度经济学的视野下，在既定交易成本为零的前提下，企业可以替代市场，即通过企业内部的层级与协调实现市场交易费用内部化，最终逐步实现边界扩展代替市场。因此，在新古典经济学和新制度经济学的视野下，企业与市场之间的关系是学界与业界关注的主基调，企业所处的社会单元、社会场域以及社会性利益相关方等社会性元素在企业生产过程和市场开发过程中的重要作用在一定程度上被忽视。而经济社会学关注到这一理论缺口，认为企业不仅仅是嵌入市场的经济单元，更是嵌入社会的社会微单元或社会细胞，需要在运营管理过程中更好地通过嵌入社会性元素、嵌入社会性利益相关方以及实现社会价值创造，最终发挥企业的社会属性，更好地实现社会资源的优化配置。从这个意义上，企业与社会间基本关系的认知逻辑在一

定程度上得到修正。

共同富裕更强调以企业贡献社会爱心为主导的第三次分配的力量,即充分撬动和激活企业的社会属性,在不过分赋予企业经济压力或剥离企业经济属性的前提下,强调企业发挥社会属性、贡献社会爱心,实现以企业为主体的社会资源配置效应的最大化,进而实现企业连接的利益相关方共同分享价值和创造共赢价值。从这个意义上,企业与社会的基本关系在一定程度上被颠覆,即企业不仅仅是立足于社会场域的社会微单元或社会细胞,更是与所处社会场域内的多元利益相关方创造共赢价值、形成价值共创与价值共享的共生体。企业与社会的基本关系从市场逻辑本位下的嵌入关系或附属关系走向共生共赢关系。这一认知的根本扭转实质上要求企业逐步摆脱从经济利益出发思考企业与社会间关系的想法,而要以社会利益、社会资源配置最大化的长期价值为逻辑起点,重新审视企业的商业行为,最终以内生融合型的企业与社会共生关系重塑企业参与市场竞争和资源配置的逻辑。

三、企业社会责任实践的逻辑:工具理性转向价值共创、共享与共益

回顾企业社会责任实践的逻辑,企业社会责任实践本质上是通过企业开展面向利益相关方的各类经济与社会环境议题,承担对多元利益相关方的公共社会责任。这一过程中,企业社会责任实践面临多重实践逻辑。一是企业社会回应逻辑,即把企业社会责任当作回应企业利益相关方的一种管理实践,以满足利益相关方对企业运营管理的期待。二是企业风险管理逻

辑，即企业将社会责任作为一种防范社会风险的有效工具，发挥企业社会责任的社会声誉效应，如通过承担相应的公共社会新议题（如慈善捐赠、环保等）提升企业的产品与服务形象，更好地面对可能出现的社会风险和市场风险。三是市场竞争逻辑，即将企业社会责任纳入企业战略视野。企业社会责任虽然是一种非市场战略，但是本质上又从属于企业市场战略，即通过社会责任更好地嵌入产品开发、产品服务和品牌塑造过程，以及通过企业社会责任带动所处的供应链与产业链各类中小企业共同创造价值，实现集群意义上的价值共创和共享，进而重塑企业的经济竞争力，最终产生市场价值的放大效应与倍增效应。实质上，不管是企业社会回应逻辑、企业风险防范逻辑还是企业竞争逻辑，企业社会责任实践依然属于工具理性驱动下的企业管理实践行为。工具理性下的企业社会责任具有明显的利己主义倾向，甚至在特定情境下产生"精致利己"行为，通过伪社会责任行为、社会责任寻租行为营造虚假的社会责任实践表现和社会责任实践绩效，进而破坏整体社会福利。

共同富裕更强调市场主体在共创价值过程中拥有更大的参与价值分享的权利，即在"做大蛋糕"的同时"分好蛋糕"，而"分好蛋糕"的前提是企业逐步从工具理性下的企业社会责任实践转向社会理性下的企业社会责任实践。社会理性强调企业以社会价值共创与共享为逻辑起点参与第三次分配，开展的企业社会责任实践行为符合社会总体利益与社会资源配置最优化的目标，而非短期导向下工具理性主导的市场竞争。即使是工具理性主导的市场竞争，也需要逐步破除"你输我赢"的零和博弈，向价值理性主导下的"共创、共享与共益"逻辑转型。

第三节　共同富裕视野下的企业社会责任范式创新

本节提出共同富裕视野下企业社会责任范式创新的未来方向，主要包括四个方面：企业家精神从经济利益主导的熊彼特式转向社会价值和综合价值主导的后熊彼特式；企业社会责任管理模式从局部零碎式企业社会责任管理转向全面企业社会责任管理；企业社会责任实践范式从议题式转向平台化履责和履责平台化；企业社会责任实践组织载体从传统商业组织转向混合型组织，并最终向共益型组织或共益企业逼近。

一、企业家精神的变革：从熊彼特式转向后熊彼特式

企业社会责任战略制定与管理实践范式的创新离不开企业家精神的支撑。从企业家精神的源头来看，自熊彼特提出企业家精神是创新的重要源泉，是区别于土地、劳动和资本的第四类生产要素以来，企业家精神主要沿着熊彼特倡导的市场逻辑导向的经济价值和资本价值最大化的方向深化，基于创新的企业家精神成为熊彼特式企业家精神的重要内核，创新方式主要包括引入新的生产要素、实现新的组合方式等，推动资源配置价值最大化。在创新型企业家精神的主导下，企业社会责任被赋予市场竞争工具的色彩，即企业家往往以"行善赚钱"或"赚钱行善"两种思路开展企业社会责任实践与创新，旨在提高企业的经济竞争力，而非真正意义上通过形成内驱力的企业社会责任实现可持续的综合价值创造。

20 世纪 70 年代后，随着一系列社会运动对企业生产运营

行为尤其是跨国行为的冲击与影响，企业生产运营行为需要更多地考虑社会诉求和社会价值，尤其是在基于创新型企业家精神的市场经济领域存在难以避免的市场失灵地带，此部分的社会价值创造需要具有社会情怀、社会价值导向以及社会使命感的企业家更多的关注与重视。立足社会价值捕获、社会价值创造、社会价值分配等一系列过程开展的企业社会创新逐步成为学界关注的方向，越来越多的企业家通过开展社会创业、社会责任实践来履行对市场失灵地带的公共社会责任，承担企业连接的多元利益相关方的社会责任。

步入 21 世纪，随着商业社会化趋势的不断深化，数字智能技术的高度渗透性和高度开放性进一步驱动了商业与社会的深度融合，尤其是在数字经济、平台经济和共享经济领域层出不穷的企业社会责任实践异化问题，加剧了对创新型企业家精神驱动的平台创新的反思，倡导平台价值共创和平台价值共享的呼声越来越高，推动了企业家精神范式加快转型。共同富裕视野下的企业创新主体不仅仅聚焦个体层面的企业家精神，也不仅仅是市场逻辑驱动的创新型企业家精神，更强调以社区、社群乃至社会生态圈为基础的共益型企业家精神，熊彼特主义下的创新型企业家精神逐步转向后熊彼特主义下的共益型企业家精神，即通过寻求市场机会与社会需求的双重满足，并在创新过程中融合可持续导向的社会责任基因，实现企业家驱动的社会责任创新，创造更大范围的共享价值与共益价值。

二、企业社会责任管理模式的变革：从局部零碎式企业社会责任管理转向全面企业社会责任管理

企业社会责任管理是系统性地推进企业社会责任认知融入企业价值文化，推动企业社会责任理念和思维方式融入企业运营管理，推动企业社会责任议题融入企业业务体系，建立一个独立的管理部门或战略支撑部门。实质上，自战略性企业社会责任提出以来，企业社会责任逐步从认知视野走向管理视野，即越来越多的企业在战略决策过程中纳入企业社会责任战略框架，将企业社会责任融入企业战略管理过程以及使命履行中，并成立相应的社会责任战略委员会、社会责任推进部门等，推动企业社会责任战略管理的各项决策真正落地实施，将企业社会责任真正意义上嵌入企业战略决策与实施过程中。但总体而言，不管是上市公司还是非上市企业，具有完整意义或独立意义的企业社会责任战略咨询委员会、企业社会责任推进部门的企业依然极度匮乏，产生的后果是企业社会责任难以被系统地纳入战略决策体系中。同时，企业开展社会责任实践也缺乏管理意义上的战略框架或融入方法，导致企业社会责任管理与实践"两张皮"。由此产生的企业社会责任实践是局部零碎式的，难以形成系统性、可持续性的综合价值创造效应。在缺乏企业社会责任系统管理框架的情况下，开展企业社会责任实践甚至容易导致企业随波逐流，不能真正发挥企业的资源优势、能力优势和社会影响力优势，最终产生企业社会责任实践过程中的资源错配与误配效应。

在共同富裕视野下，企业社会责任更强调企业各部门的全

方位和全过程参与，进而更好地发挥企业社会责任的社会资源配置效应，实现整体意义上的资源配置最大化，而非局部意义上的社会资源配置效应。企业社会责任管理也必须在真正意义上被纳入企业战略管理、运营管理、品牌管理、人力资源管理、财务管理以及风险管理等范畴中，将企业社会责任的认知体系、方法体系和实践体系全方位地融入企业战略决策与运营管理框架中，实现全面社会责任管理的创新与转型。全面社会责任管理的价值意义在于，能够实现企业内部各部门之间可持续导向的联动效应，也能够立足各部门的业务特征和资源基础，更好地实现企业社会责任实践议题的选择与实施，最终放大企业创造综合价值与共享价值，实现企业社会资源配置整体最优化。

三、企业社会责任实践范式的创新：深化平台化履责以放大综合价值创造效应

在数字智能技术的深度渗透下，企业社会责任实践范式悄然发生革命性变化，即传统依赖企业个体式履责、企业供应链式履责、企业集群网络履责逐步转向企业搭建的平台生态圈式履责，越来越多的企业逐步搭建基于数字技术的社会履责平台，或嵌入一定的社会责任实践平台中，形成平台嵌入式、平台嫁接式、平台撬动式等多元化平台化履责范式。平台化履责的最显著特征是，企业开展企业社会责任实践的资源基础、利益相关方构成以及社会责任实践议题不仅仅局限于企业内部，思考和解决社会公共问题的基本逻辑以企业所处生态圈为起点，最大限度地撬动企业所处生态圈内多元利益相关方的爱心资源、社会资源和经济资源，形成面向特定社会公共议题的履

责实践议题范围，通过数字化手段实现多方生态资源的连接，最终共同开展社会责任实践活动。不过，平台化履责并非适用于所有企业。搭建社会化、生态化的社会责任实践平台，需要企业具备高度的社会影响力和巨大的经济价值创造潜力。因此，一般类型的企业尤其是资源约束较大、社会影响力较低的企业，更多进行平台嵌入式或平台嫁接式的社会责任实践范式创新，与所处行业的龙头企业、高社会影响力企业形成同频共振效应。

更为关键的是，平台化履责不仅仅意味着企业自主搭建社会责任实践平台，吸纳所处生态圈内更多的利益相关方加入社会责任实践过程中，更强调企业以平台思维和平台共创理念更好地开展社会责任实践。例如，在开展环保类社会责任实践的过程中，更多地推动企业所处行业的上下游企业开展环境保护活动，从平台用户节点入手，激活企业社会责任实践过程中的网络效应，撬动更多具有环保意识的组织、社会个体以及用户参与到社会责任实践过程中。这一平台思维和理念更偏向于实践过程中参与主体平台化、参与过程社会化，而非单一地搭建社会责任实践平台，实现所处生态圈内多元利益相关方的连接。

四、企业社会责任实践组织载体的创新：从商业组织迈向混合型组织

不管是企业社会责任管理还是企业社会责任实践，本质上都需要依托既定的组织载体。在以企业为主导的创新体系下，以市场逻辑为主导的商业组织成为驱动企业技术创新、产品创新、工艺创新、商业模式创新和服务创新等的主要组织载体。

但以市场逻辑为主导的商业组织在开展创新活动的过程中，往往难以实现社会利益相关方嵌入，且创新场域和创新价值主要聚焦于个体私人场域和经济价值，导致创新的社会价值割裂或创新的综合价值创造效应不足。

在共同富裕视野下，由于共同富裕不仅要求企业创造更大的市场经济价值，更要求企业在创造价值的过程中扩展社会性利益相关方网络，并在价值捕获、价值创造和价值分配等领域更好地平衡经济性元素与社会性元素，实现创新的商业利益与社会利益的有效混合兼容。将商业组织作为社会责任创新主体的做法越来越难以适应上述要求，追求商业组织的社会化与混合化成为共同富裕视野下企业社会责任实践组织载体变革的突出方向。商业组织的社会化运动和混合化使命进一步驱动组织向混合型组织转型与创新。混合型组织并不陌生，其本质上是实现多重制度逻辑（包括市场逻辑与社会逻辑、家族逻辑与国家逻辑等）的耦合，从而规避单一市场逻辑主导下商业组织开展社会责任实践不可持续或综合价值创造低阶化的弊病。在开展商业决策和价值创造的过程中，综合考虑利益相关方的多维需求，遵守甚至超越经济、社会、环境三重底线原则，主动推进立足于技术、产品和服务等经济性创新的社会责任创新，将社会责任内生融入其创新战略体系中，通过建构责任式创新（责任式技术创新、产品创新与服务创新）与可持续性商业模式创新等可持续导向的创新范式，更好地满足多元利益相关方的价值诉求，真正意义上支撑共同富裕视野下企业创新范式迈向公共社会价值和市场经济价值的高阶均衡状态，更好地平衡创新的经济意义与社会意义。

第十章　共同富裕视野下的融通创新范式

党的十九届四中全会通过的《中共中央关于坚持和完善中国特色社会主义制度 推进国家治理体系和治理能力现代化若干重大问题的决定》强调，"建立以企业为主体、市场为导向、产学研深度融合的技术创新体系，支持大中小企业和各类主体融通创新"①。融通创新是呼应当前国际关系新形势、国内发展新格局与新战略以及突破关键核心技术"卡脖子"问题的重要创新范式，厘清融通创新的概念内涵与运行机制，分析基于融通创新突破"卡脖子"技术的整合框架，探究共同富裕视野下融通创新的实现路径，对于"十四五"时期加快实现从创新型国家迈向创新型国家前列，以及建立全新的企业创新生态系统和产业创新生态系统具有重大意义。

第一节　融通创新的概念内涵与运行机制

本节梳理不同视角对融通创新概念内涵的解读，以及融通创新区别于协同创新的运行机制。

---

① 《中共中央关于坚持和完善中国特色社会主义制度 推进国家治理体系和治理能力现代化若干重大问题的决定》，人民出版社 2019 年版，第 21 页。

一、融通创新的概念内涵

目前学界对融通创新概念内涵的解读存在多种视角，总体上可分为三类视角。

（一）创新主体的视角

融通创新不仅仅强调产学研协同创新层面的横向协同，即企业与其他创新主体（包括高校、科研机构等）的有效协同，更强调同一创新主体的不同类型的有效融合，包括在以企业为市场创新主体的范畴内不同规模场域、不同所有制场域的大中小企业之间、国有企业与民营企业之间在各类创新要素上的有效融合，聚焦某一知识与技术创新需求，开展知识共享、要素融通以及主体协同的创新过程。因此，从创新主体的视角来看，融通创新突破了传统封闭式创新、开放式创新以及协同创新中创新主体之间的关系范畴。融通创新的逻辑起点是，不同创新主体的资源基础、能力优势和创新意愿与导向具有异质性。融通创新的目标是，有效融合不同组织场域内不同创新主体的各类创新资源和创新要素以及创新意愿和合作意愿，真正实现不同创新主体在某一创新需求导向下的有效耦合。值得注意的是，融通创新范式下的创新主体之间存在多种协同与耦合关系，包括强协同—弱耦合、强协同—强耦合、弱协同—强耦合、弱协同—弱耦合等多种状态。

（二）创新链的视角

创新链强调技术创新与产品开发过程中的不同创新环节，

包括基础研究、应用开发、中间试验、投产测试与产品化、商业化与产业化等一系列过程。在创新链的视角下，我国关键核心技术严重受制于人的主要原因在于，创新链之间的各链条呈现出孤岛式节点断裂的特征。具体来看，长期以来我国在宏观层面对基础研究忽视、投入不足，造成我国基础研究环节的知识基础与支撑不够，直接影响了具有复杂知识基础的关键核心技术的突破，尤其是缺乏前沿领域（如高端材料、高端装备制造、生物医药、人工智能等）的原始技术创新能力，造成创新链下游的应用开发、投产测试等难以有效开展。

在应用开发领域，由于企业与高校之间的科技成果转化存在各类制度藩篱，具备技术开发能力的高校和科研机构在科学研究过程中过度偏重学术导向而非嵌入应用现实导向，因此目前基础研究的各类创新主体与企业科技成果转化与产业化的现实导向脱节，基础研究与应用开发断裂。由于创新链中不同创新环节的核心主导任务、主导创新主体以及所需的创新资源和创新要素存在明显差异，因此融通创新强调创新链中各类链条相互融通结合，在创新链的各个环节实现各类创新主体的有效协同和各类创新要素的有效耦合。比如，在基础研究环节，基础研究具有公共性，需要高校、科研机构以及企业中具有基础研究实力的专家学者开展协同攻关，充分实现知识互动和共享，以及基础研究成果的公共化和共益化。在应用开发、中间试验、投产测试与产品化以及商业化与产业化的过程中，需要明确企业和科研机构为分类耦合式创新主体的融合场域，通过场域内不同类型企业之间、不同产学研主体之间的有效协同与耦合，最终实现各类创新要素（包括知识、信息、技术、人才和资金等）的充分协同互补，实现创新链的融通稳健。

（三）创新网络的视角

在开放环境下，企业难以仅基于内部研发团队的知识实现各类复杂的知识与技术创新活动，需要融入外部创新网络中——包括不同企业主导的创新生态系统以及企业所处产业集群的产业创新生态系统。在这一过程中，企业能够形成不同形态的创新网络，并与所处创新网络内的不同创新主体在知识、信息、技术以及成果上进行交互。创新网络中的各类创新主体之间主要存在竞争关系、互惠关系和平等关系等。融通创新能够实现创新网络中的各类创新主体逐步从竞争逻辑主导下的偏利共生、非对称共生和对称共生等转型到共创、共享与共益逻辑主导下的价值共生和平等共生，即在同一创新主体的场域范围内不存在基于企业规模差异下的创新成果分配不平等和创新地位不平等，也不存在基于所有制差异下的创新主体在创新资源获取和创新绩效评估上的歧视对待。各类创新主体处于平等地位，享受公平普惠的创新制度环境和政策环境，共同聚焦某一创新问题，发挥各自的创新资源优势和能力优势，最终实现各类创新要素在创新网络内的充分流动，真正意义上实现创新网络内各节点之间资源融通、要素融通和过程机制融通的融通创新。

二、融通创新的运行机制

作为一种全新的创新范式，融通创新聚焦于创新主体融通动力机制、创新要素共享机制、创新成果转化及共益机制以及价值分配与风险共担机制等，其内在运行机制区别于协同创新下的战略协同、组织协同和知识协同等。

在创新主体融通动力机制方面，强调各类创新主体具有聚焦特定创新议题、创新过程的融通意愿，即具有与其他创新主体开展充分合作与要素共享的意愿，具有共同解决特定技术创新过程中各创新链条的各个环节相互衔接的基础性动力。

在创新要素共享机制方面，企业的技术创新需要各类创新要素（信息、知识、技术和人才等）的支撑。由于各类创新主体拥有的创新要素以及所能撬动的创新要素的能力具有较大异质，且不同创新要素隐含着的相应要素价格的差异性，因此要实现各类创新主体的融通创新，前提是各类创新要素能够充分共享——不管是闲置要素的充分共享，还是基于特定利益分配的要素共享等，各类创新要素要能在同一创新链、同一创新网络、同一创新场域内充分共享。各类创新主体能够有效弥补自身所缺乏的创新要素，真正实现创新链之间的要素充分转化，实现各链条环节之间的融通创新。

在创新成果转化及共益机制方面，融通创新突破了传统开放式创新中各类创新主体以创新外部化方式实现创新成果转移，更强调各类创新主体在面向统一的技术创新问题时，形成开放与共享、共益的创新与价值共创场域。开放式创新的各类创新主体并不要求具备同一创新问题导向，而是聚焦企业的技术创新过程，能够主动寻找与其相符合的创新成果占有者或知识产权拥有者，通过外部获取以及基于外部知识吸收与知识转移实现创新内部化，形成外向型和内向型的开放式创新。而融通创新更强调各类创新主体在同一技术创新问题驱动导向下的创新场域中，形成价值互惠、价值共享、价值共生、价值共益的共生单元，不管是大规模企业还是中小企业，都能在同一场域内拥有同等地位，仅存在基于分工协同环节的差异以及面向创新链传导过程参与程度的异质，但是最终的科技成果转化（如形成关键核心技术尤其是共性技术）能够充分被同一场域内的多元创新主体共同使用和共同受益，共同突破在产品开发、技术创新过程中的技术瓶颈。

在价值分配与风险共担机制方面，融通创新更强调同一重大创新需求或创新问题导向，主要通过平台价值分配机制实现融通创新平台内各类创新主体之间的价值共益，而非开放式创新范式下的利益独占或协同创新范式下的利益非均衡化分配。融通创新强调解决面临的同一创新需求和创新问题。因此，一旦实现相应的创新目标，各类创新主体都能共同拥有这一技术或知识，最终实现创新成果的价值共益与均衡分配。虽然融通创新强调同一问题导向下创新场域内的成果与价值共享与共益，基于融通平台实现平台战略下的平台价值共赢与共享，但是不同创新主体在参与融通创新平台以及创新链各个环节的过程中承担风险的能力具有差异性，依然可能存在风险与最终价值不对等造成利益分配失衡的问题。因此，融通创新平台仍然需要探索建构基于风险分担的利益共享分配机制，实现平台内不同规模企业、不同所有制企业以及各类知识生产与供给主体真正享有平台共赢价值。

第二节 共同富裕视野下融通创新突破 "卡脖子"技术的理论框架

近年来，美国为遏制中国全面实现创新转型发展目标，在科技、贸易等领域，对中国企业及产业"走出去"实施全面封锁与遏制，在部分战略性新兴产业和未来产业中列出关键核心技术"负面清单"，导致我国通过技术引进、技术吸收与学习等并未能真正实现产业关键核心技术的自主可控，关键核心技术的"卡脖子"问题凸显。本节解读"卡脖子"技术的概念内涵，并建构共同富裕视野下以融通创新突破"卡脖子"技术的理论框架。

一、"卡脖子"技术的概念内涵

产业发展过程中的"卡脖子"技术已成为当前国内学界与政府关注的重大现实问题。然而，国内学界对"卡脖子"技术的定义和解读存在很大争议，直接影响到"卡脖子"技术的识别、攻关以及突破问题，最终会影响到我国产业链整体的安全性以及全球价值链地位的稳定性，对于我国迈进创新型国家前列、实现世界科技创新强国目标产生一系列重大现实问题。目前学界对"卡脖子"技术概念内涵的理解存在显著差异的原因是定义视角不一，主要存在技术差距视角、国际关系与国家经济战略视角、产业链安全性视角和综合视角等。

（一）技术差距视角

技术差距视角下的解读认为，一国产业发展过程中的关键核心技术与其他竞争性产业链内的关键核心技术存在巨大差距，这一差距短期内难以通过产业链内的创新链予以缩小，也难以通过技术贸易或技术转移实现技术突破，由此在产业发展过程中便形成了"卡脖子"技术。在技术差距视角下，产生"卡脖子"技术的直接原因是技术差距，且这种技术差距的背后不仅仅是创新链上某一环节的差距，更包括创新链中基础研究、应用开发、中间测试、产品设计与商业化等一系列过程的差距，尤其是某些领域的各个环节呈现出融合特征的节点之间的显著差距。

（二）国际关系与国家经济战略视角

国际关系与国家经济战略视角下的解读认为，"卡脖子"技术首先是决定一国科技竞争战略的关键核心技术，由于国际关系恶化导致国际贸易受阻，原本基于国际贸易分工体系下的技术贸易服务和技术跨国转移难以开展，导致一国在全球开放式创新环境下产业链和创新链遭受断链，原本需要创新链各个环节支持的产业链技术创新严重受阻，使得产业发展中的关键核心技术成为"卡脖子"技术。

（三）产业链安全性视角

产业链安全性视角下的解读认为，产业链嵌入全球价值链高端的关键要素是支撑产业发展的关键核心技术。相比一般性技术，"卡脖子"技术具有产业链发展的关键核心技术特征，同时具有高度复杂性和产业垄断性，即关键核心技术一旦被竞争对手限制转移与交易，则成为"卡脖子"技术，关系到整个产业链能否安全稳定发展。

（四）综合视角

综合视角下的解读认为，"卡脖子"技术是一个复杂的技术簇，本身具有关键核心技术的一般性特征。产业发展中产生"卡脖子"技术是因为国家间的科技实力存在明显差距，产业与企业的创新生态存在短期内难以追赶的系列差距，且这种技术的垄断性强，难以在全球开放式创新环境下通过技术的跨国、跨链与跨企的合作（技术联盟、合资企业和技术许可证等）实现技术吸收与技术转移，一旦国际竞争关系恶化而陷入零和博弈状态，该类技术便成为"卡脖子"技术。综上，从综合视角来看，"卡脖子"技术需要满足技术上与发达国家或科技强国存在较大差距，是决定产业当前与未来发展的关键核心技术且技术垄断程度高，对于维系产业链安全性具有关键作用，在全球价值链中占据关键核心位置等多重标准。

二、融通创新范式下突破"卡脖子"技术的理论框架

在融通创新范式下，突破"卡脖子"技术本质上是要构建"融通"创新平台。这里的平台并不是传统意义上的平台型企业或互联网平台，而是聚焦于某一产业发展过程中"卡脖子"技术攻关突破的融通创新平台。融通创新平台汇聚了突破"卡脖子"技术所需的各类创新主体、各类创新要素、各类创新制

度和政策体系等，涉及创新制度与政策融通、创新主体融通、创新要素融通、"四链"融通等四维融通过程，并在载体支撑层面以"央企＋民企"创新共同体、产学研融通组织以及新型研发机构等作为突破"卡脖子"技术的组织模式支撑，最终形成面向产业发展（产业链）的"制度—主体—要素—组织"融通创新范式下"卡脖子"技术突破（创新链）的整合框架（见图1）。

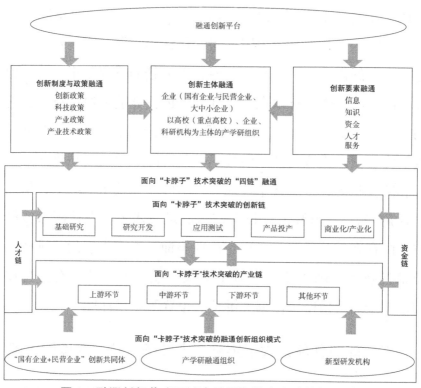

图1 融通创新范式下"卡脖子"技术突破的整合框架

（一）创新制度与政策融通

在突破"卡脖子"技术的过程中，制度环境是影响整个创新主体和创新要素演化的外部关键变量。当前，面向各类产业的关键核心技术突破，我国政府推出了一系列产业政策、科技政策、创新政策和产业技术政策等，包括特定的财政补贴手段、税收手段、金融货币手段、政府采购以及政府专项等，政策工具呈现出丰富性、多样性特征。然而，各类政策的逻辑起点与对不同创新主体的创新导向和创新资源的供给导向存在较大的差异。从既有的政策文本和政策研究来看，创新政策有三种类型。第一类创新政策是广义的范畴，泛指一般性创新政策（如产业政策、科技政策），支持产业内创新主体的研发创新和科技成果转化等活动，选择性或功能性的产业政策和科技政策旨在培育和支持特定的创新主体，推动产业内的创新主体形成产学研合作机制，促进产业内的知识流动与知识供给，保障各类知识有序流动和无歧视性流动。第二类创新政策是狭义的范畴，特指以提升创新主体的创新能力为目标，为创新主体提供更优越的创新制度环境的政策，如知识产权保护制度、科技人才政策和科技金融政策等。第三类是特定型创新政策，主要是面向某一特定类型的创新主体与特定领域的创新政策。前者主要是面向中小企业、创业企业的创新政策，以包容性和普惠公平为目标，促进各类创新主体的创新与创业机会均等，扶持创新弱势群体等。后者主要是面向国家战略性领域、公共性领域的创新政策，支持特定的国家战略性新兴产业和新兴技术的发展，以保障国家战略安全和国家安全等为目标，提升国家的科技竞争能力，如对军工产业、航空航天产业实施的特定的技术创新政策。

（二）创新主体融通

创新主体是突破"卡脖子"技术的关键知识供给、知识应用和知识成果转化的关键力量。目前关键核心技术的供给总体上依然呈现出大企业主导和重点高校与科研机构主导的局面，即大型民营企业与大型国有企业在整个技术创新过程中扮演关键角色，其他创新主体（包括中小企业、其他民营企业以及普通高校与科研机构）在整个关键核心技术突破中依然存在参与度不足、贡献度不高等问题。"卡脖子"技术不同于一般性关键核心技术，其研发攻关需要创新链上多方主体协同与融合，单独某一创新主体难以完全实现以高度复杂性、基础研究与应用开发高度结合为特点的技术开发过程，需要基于知识耦合机制，实现创新链中的各类创新主体之间知识要素相互融通转化的创新过程，进而强化面向"卡脖子"技术的创新链内各创新主体间的知识互动与协调，形成开放、融合的融通创新开放系统。例如，国有企业与民营企业在创新过程中不是对立关系，而是在创新链的传导关系以及产业链与创新链融通互促的过程中充分融合，不管是国有企业还是民营企业都具备相互融合（如共同形成特定创新项目制攻关、形成混合所有制企业）的基础意愿和动力。在技术创新过程中，国有企业能够充分利用其独特的风险承担能力和资源优势，承担面向产业发展的关键共性技术研发，提供基础性的研发资金支持与技术创新网络。而民营企业在颠覆式技术创新、技术商业化和产业化等领域发挥关键的动态能力支撑，形成面向"卡脖子"技术突破、产业关键核心技术高阶演化的共同融通创新的新生态。

（三）链条融通

融通创新视角下面向"卡脖子"技术突破主要涉及产业链、创新链、人才链和资金链"四链"的相互支撑融合。"四链"融合结合主要体现在四个方面。

一是强化创新链内各个环节的有效融合。"卡脖子"技术的突破往往需要"基础研究 + 应用基础研究 + 应用开发 + 产业化"的综合能力，而非单一的技术开发能力或工程能力。不同于一般性关键核心技术，"卡脖子"技术的突破需要高度融合的基础研究与应用研究能力。产业发展中的"卡脖子"技术突破涉及关键的学科基础、关键的高端生产设备以及关键的零部件、关键材料等综合配套创新基础设施，且技术创新过程需要创新链内的五个环节紧密结合，实现创新链内各个环节的有效融合。

二是强化产业链内各个环节的有效融合。"卡脖子"技术突破往往涉及多个产业链之间以及产业链内部多个环节之间的有效支撑，产业链内从上游到下游参与整个"卡脖子"技术突破过程，从而带动产业链上下游更多创新主体（企业）参与，包括产业链不同环节的原材料供给（关键生产设备与生产工艺）、关键零部件的生产制造等。

三是强化产业链与创新链的融通效应。"卡脖子"技术一方面是关键产业、战略性新兴产业和未来产业中的关键核心技术，另一方面也是创新链中难以短期突破、需要融通整合的技术瓶颈。突破"卡脖子"技术，一方面需要对关键产业和未来产业进行甄选与识别，另一方面需要围绕关键产业和未来产业予以部署，为产业链拓展、延伸和提质汇聚各类创新主体，实现各类创新要素的集聚和供给，突破产业链发展过程中的技术瓶颈、产品开发瓶颈和市场商业化瓶颈等，为关键产业发展构筑知识生产、研发创新以及技术成果商业化和产业化的融合平台，实现产业链与创新链"两链"的供给与需求相互衔接和融合。

四是强化人才链和资金链对产业链和创新链的支撑融合。不管是支撑关键产业的发展，还是支撑创新链的各个环节，都需要各类人才充分互动协作、各类资金充分融合。一方面，以高端人才（研究型人才、技术型人才、管理型人才和其他人才）支撑产业链与创新链的关键设备生产、关键技术研发、关键产品设计和开发以及产品市场化与产业化；另一方面需要政府财政资金、银行贷款、市场风险投资以及各类产业发展基金和社会基金的融通结合，分别在支撑创新链的基础研究、研究开发、应用测试、产品投产与商业化和产业化的各环节发挥不同的分类主导作用。

第三节　共同富裕视野下融通创新的实现路径

共同富裕视野下融通创新的实现路径有三方面：在创新制度与政策融通方面，加速实现各类产业政策与创新政策的融通；在创新主体融通方面，形成面向大中小企业融通发展的创新共同体；在融通组织载体方面，大力培育面向"卡脖子"技术突破的融通创新组织。

一、创新制度与政策融通：加速实现各类产业政策与创新政策的融通

从创新制度与政策的视角来看，突破关键核心技术"卡脖子"问题，首要便是创新制度与政策融通。目前创新政策总体上呈泛化趋势，各类创新政策工具组合多种多样，面向"卡脖子"技术突破需要实现各类创新政策的融通，即破除当前碎片化、条块化的政策实施体系，集中识别关键产业发展中的"卡脖子"技术，筛选、培育和扶持面向"卡脖子"技术突破的关键创新主体，实现创新要素的集聚，通过基础研究、科技攻关项目和科技计划、创新基础设施（人才、资金、知识产权等）、创新服务中介机构以及创新成果转化等政策的集成融合，实现集中式、联动式和融合式的政策组合融通效应，为突破"卡脖子"技术提供整合式融通政策新框架。

二、创新主体融通：形成面向大中小企业融通发展的创新共同体

目前面向关键核心技术突破的创新链中各类创新主体之间存在较为明显的缺位、错位现象。具体来看，高校和科研机构提供基础性的共性知识，需要在关键核心技术突破涉及的基础研究体系中扮演关键角色，基础研究成果具有完全的公共物品特征。国有企业的技术创新也具有公共物品特征，在一定条件下可与知识供给的各类创新主体（包括高校、科研机构）组建产学研融通组织，实现以企业技术创新为目标的科学研究中心、科技成果转化中心等。通过组建面向关键产业"卡脖子"

技术突破的综合性国家科学研究中心、企业科学中心，扭转我国基础研究不足、原始创新动力不足等问题①。

在创新链的开发、应用测试和商业化等环节，整个技术创新过程不再具有完全的公共物品特征，而是具有市场化、商业化的私人物品特征。在这些环节，需要积极引入国有企业与民营企业混合融通组织模式，实现各类创新主体的优势互补。尤其是民营企业在商业化过程中更具敏锐的市场嗅觉，能够为"卡脖子"技术突破提供市场原动力，以"民营企业＋国有企业"融通混合，吸收应用开发过程中的不确定性风险。在创新链的终端即产品商业化和产业化的环节，需要大力引入各类中小企业、民营企业与国有企业实现产品开发的大范围商业化，提高整个技术商业化收益，发挥民营企业、中小企业在特定商业领域的商业化能力和市场能力，为创新链的前端即基础研究和研究开发发挥反哺效应。

三、融通组织载体：大力培育面向"卡脖子"技术突破的融通创新组织

融通创新范式下"卡脖子"技术突破的实现，需要立足于全新的融通组织载体。区别于一般性产学研组织或科技创新研究中心、国家实验室等研发组织，融通创新视野下的"卡脖子"技术突破需要采取多类融通组织齐头并进的方式，实现各类创新主体、各类创新要素以及各类链条之间有效融通。

第一大融通组织是面向企业层面的"国有企业＋民营企

---

① 张杰：《中国关键核心技术创新的机制体制障碍与改革突破方向》，《南通大学学报》（社会科学版）2020 年第 4 期。

业"的创新共同体。此类融通组织重点通过混合所有制改革制度背景下的混合所有制企业予以实现。具体来看，混合所有制企业能够实现国有资本与非国有资本的有效融合，通过交叉持股、共同分类主导持股等，实现股权与收益权的有效融通，在"卡脖子"技术突破过程中，能够充分实现国有资本的风险承担能力与非国有资本的动态商业化能力的有效融合。但是，基于混合所有制企业的融通创新组织模式需要基于国有企业的功能定位，分类实施混合交叉持股，探索混合所有制企业的分类、分层级以及分隶属的新模式，基于商业类、垄断竞争类、自然垄断性和公益类等不同性质的国有企业，探索与民营企业不同类型的交叉持股等新混合模式[①]。

第二大融通组织是组建产学研融通新组织。传统产学研组织的创新目标往往较为泛化，创新过程中各类创新主体之间的融合度不够，存在基础研究难以为应用开发服务、技术开发难以为产业化服务等链条断裂风险。且传统产学研组织中各主体之间的关系较为松散，呈现出协同性强而知识耦合程度低等特征。而产学研融通新组织的组建目标更聚焦于重大技术、重大工程的联合集体攻关，参与主体不仅包括大企业、重点高校以及科研院所，而且包括大中小企业、各类高校和科研机构的融通大平台，更注重基础研究与应用研究的紧密互动融合，产业链中下游、创新链各个环节深入嵌入于整个产学研融通组织运

---

① 柳学信、曹晓芳：《混合所有制改革态势及其取向观察》，《改革》2019年第1期。

行过程中[①]。

第三大融通组织是新型研发机构。2016 年 8 月，国务院印发《"十三五"国家科技创新规划》（国发〔2016〕43 号），提出要"培育面向市场的新型研发机构，构建更加高效的科研组织体系"[②]。区别于传统科研机构面向单一技术创新或基础研究，新型研发机构打破了传统政府资助下的科层制科研机构运作模式，更注重多类创新主体的引入，以各类创新主体的技术入股、资金入股、联合共建、项目制、人才交流与人才培养等模式，实现全新的产学研合作机制创新[③]。在研发创新过程中，新型研发机构能够根据组织内各类人才的专业背景和研发优势以及企业的市场需要和产业化市场导向自主选择科研方向，在技术攻关与研究过程中具有较强的自主性，能够实现高校、科研院所、各类企业、政府、科技服务机构等多方主体与多方资源的协同耦合，实现要素之间的充分融通、知识之间的多向流动、科技成果的快速转化，最终实现企业、政府与科研机构在同一制度框架下的深度融合。面向"卡脖子"技术突破，需要以新型研发机构为突破口，探索围绕关键核心技术攻关与产业化应用的新组织模式，实现打通基础研究、应用开发到企业孵化与产业化的全链条的全新组织模式。

---

① 于良：《进一步完善产学研深度融合组织机制》，《中国科技论坛》2020 年第 7 期。

② 《"十三五"国家科技创新规划》，2016 年 8 月 8 日，见 http://www.gov.cn/zhengce/content/2016-08/08/content_5098072.htm。

③ 任志宽：《新型研发机构产学研合作模式及机制研究》，《中国科技论坛》2019 年第 10 期。

政策举措篇·共同富裕视野下的中国科技创新政策

第十一章　共同富裕视野下的
中国科技创新政策体系转型

改革开放四十余年，我国的科技创新政策在促进以物质发展为基础的社会共同富裕方面发挥了显著作用，为人民精神世界的丰富提供了保障条件，进一步在调控区域间协调发展、区域内一体化发展、区域城市间协同发展等方面持续发力，继续引导产业向价值链中高端迈进，进一步加大对优质中小企业创新发展、融通创新等的支持力度，引导创新资源向成长潜力型、创新能力内生化及科技型创新企业集聚，最终推动创新政策成为实现共同富裕的催化剂和加速器。本章从区域创新政策、产业创新政策、中小企业创新政策和创新型企业创新政策的视角，阐述具体的政策转型方向与着力点。

第一节　中国区域创新政策的转型方向与着力点

进入新时代，共同富裕对区域创新战略提出了新要求。在创新驱动发展的经济新常态下，区域创新战略应充分调动人力、技术、生产资料等基本要素，实现经济、文化、生态、社会的发展，实现国家经济高质量增长、区域优势互补以及满足人民对美好生活的需要，为共同富裕的实现提供重要保障。相应地，我国区域创新政策也需要适时地调整方向和着力点。

一、中国区域创新政策的转型方向

我国区域创新政策的转型可主要聚焦于以下四个方向：建立区域协调发展下的多中心创新格局；构建各城市群协同创新机制并发挥其作用；形成区域一体化下的创新体系"雁阵效应"；促进创新要素充分流动与原始创新涌现。

（一）建立区域协调发展下的多中心创新格局

"十三五"期间，我国创新发展格局呈现明显的区域差异。对比东部地区、中部地区、西部地区与东北地区的创新发展可发现：在研发投入、专利申请和研发人员数量等方面，东部地区都占到全国总量的60%以上，处于领先地位，在创新能力、规模与发展水平上的优势均较为明显；"十二五"期间中、西部地区的赶超速度提升，各项指标都有显著提升，但"十三五"期间上升势头趋缓；东北地区的地理环境等因素致使人才、资金外流严重，创新发展速度、规模和水平较其他地区处于劣势。对比南方地区与北方地区的创新发展可发现：区域创新能力与区域经济实力正相关，北方地区的整体创新能力与南方的差距拉大。总体来看，当前全国区域创新发展呈现出南快北慢，东部持续强势、中西部稳步追赶、东北地区下滑严重的总体格局。

区域创新能力与发展水平的差距拉大影响了整体协调性，也会降低区域间协调发展的网络效应和整体效益。共同富裕视野下，区域创新能力协调发展更为重要，中心城市和城市群对于各区域创新能力的带动与引领作用更为显著。"十四五"规划强调,"以京津冀、长三角、粤港澳大湾区为重点,提升创新策源能力和全球资源配置能力,加快打造引领高质量发展的第一梯队。在中西部有条件的地区,以中心城市为引领,提升城市群功能,加快工业化城镇化进程,形成高质量发展的重要区域"①。共同富裕视野下的中国区域创新政策,将持续向多中心创新格局构建转型,以京津冀、长三角、粤港澳大湾区为重点,构建一批创新型中心城市以及创新集群地带。在中、西部地区,通过政策引导与特色优势相结合,培育和发展多个具有核心竞争力的创新中心城市或地带,最终与其他地区的创新中心共同形成各具特色、多点突破、多极发力的中国区域创新格局。

(二)构建各城市群协同创新机制并发挥其作用

"十三五"期间,各城市群承担了进一步提升核心城市创新发展、带动与辐射群内各城市及其他主体创新发展的角色,取得了较好成绩,并形成了以北京、天津为中心的京津冀城市群,以上海为中心的长三角城市群,以香港、澳门、广州和深圳为中心的粤港澳大湾区,以重庆、成都为中心的成渝城市群,以武汉为中心的长江中游城市群,以郑州为中心的中原城市群,以西安为中心的关中平原城市群等。它们在推动国家区域创新发展战略、区域融合战略等方面具有显著优势,并且能够很好地推动区域经济与创新发展。但是,也应注意到,当前一些城市群之间与城市群内部各单位之间的协同创新还不够紧

①《中华人民共和国国民经济和社会发展第十四个五年规划和 2035 年远景目标纲要》,人民出版社 2021 年版,第 88 页。

密，协同效应还不够突出。我们既应肯定城市群在带动区域创新发展中的作用，也应重视城市群间与群内创新发展的协同性。

共同富裕视野下，应注重发挥各城市群间的创新协同性，发挥"1+1>2"的协同效果，充分利用各城市群的优势特色取长补短，促使城市群之间能够形成跨区域协同创新的高效合作机制。同时，也应注重城市群内部的协调发展，发挥中心城市的带动引领作用而非虹吸效应。为此，一方面，区域创新政策应转向制定城市群间的协同创新机制，通过更高效的行政流程、合作渠道促使创新资源更合理、更公平地在区域间配置；另一方面，区域创新政策应着重强调城市群内部的协调性和带动性，引导稀缺创新资源分布更加协调，通过更具价格优势的要素资源政策倒逼中心城市主动拉动城市群内的中小城市参与其创新体系中。

（三）形成区域一体化下的创新体系"雁阵效应"

在一些城市群（尤其是中、西部城市群）内部，中心城市的带动引领作用不显著，并未形成地区创新的"雁阵格局"，城市群的创新发展模式还是中心城市一家独大的"孤狼"模式。例如，关中平原城市群中的西安，其创新能力在城市群中一家独大，且带动效应不够明显。又如，长江中游城市群中的武汉城市圈、环长株潭城市圈和环鄱阳湖城市群，分别以武汉、长沙和南昌为中心城市。三个中心城市的创新发展速度突出，但对城市群内其他中小城市的带动作用不够显著，如长沙一家独大的创新格局并未有效破解，武汉对周边城市的虹吸效应反而呈增强趋势，周边的鄂州、孝感、岳阳、益阳、娄底、新余、萍乡和抚州等城市的创新发展较为缓慢，且创新能力与规模占比不增反降。

共同富裕视野下的区域创新政策应更关注大中小城市创新能力的协调发展，通过大城市带动、小城市追赶，共同提升城市群的整体创新能力，做大创新收益蛋糕，实现区域内经济与创新水平的协调发展。随着我国经济稳步发展，全面建成小康社会，下一步工作转向深化区域经济一体化、协调化发展与新型城镇化战略，尤其强调通过创新能力强的中心主体带动引领弱创新主体的共同发展，并以此促使区域间社会、民生发展的协调化。这有利于全面整合创新资源要素，探索城市合作创新的新模式，形成强弱城市、城乡地区关于创新的良性互动与合作共赢，有利于城乡区域经济协调发展与社会民生和谐，共筑区域创新体系"雁阵效应"的形成。

（四）促进创新要素充分流动与原始创新涌现

创新要素在不同区域间、不同行政区划间、不同主体间的流动还存在可以加强的空间，尤其是在区域一体化发展、创新体系"雁阵格局"构建中，创新优势地区或主体对创新资源尤其是核心资源的外溢和流动持排斥心理。创新偏弱地区或主体受限于经验和能力等，对与创新优势地区主体进行资源流通也心存迟疑，担心自身成为创新链中的廉价要素资源供应者，也担忧自身的创新效益与付出不成比例，更担忧自身的人才、产业和资本等创新资源被大城市或强势主体"虹吸"。这使得区域创新合作各方存在"强带弱怕拖累、弱跟强怕吃亏"的思想顾虑，致使区域创新要素的流通性大打折扣。此外，行政壁垒也给要素在区域间流通造成障碍，而很多原始创新涌现于中小主体、中小城市。根据对隐形冠军企业和制造业单项冠军企业的地区分布调查，可以发现很多企业都位于地级市、县级市，甚至城镇地区，尤其是长三角地区尤为明显。因此，要素从大城市到中小城市、从大主体到中小主体的流通路径不畅通，可能大大降低原始创新的涌现。

共同富裕视野下的区域创新政策，强调创新在中小企业，中、西部地区等创新要素缺乏地区的发展，注重创新要素实现跨地区、跨主体的流通。"十四五"规划对此也强调，应该"破除资源流动障碍，优化行政区划设置，提高中心城市综合承载能力和资源优化配置能力，强化对区域发展的辐射带动作用"[①]。总的来讲，共同富裕视野下的区域创新政策将更注重要素资源跨区域、主体的畅通流动，以期涌现更多的原始创新，带动地区的创新能力提升、经济发展。

二、中国区域创新政策的着力点

中国区域创新政策的着力点可主要聚焦于以下四个方面：加快东部地区创新发展一体化；推动中、西部地区成为国家创新发展新引擎；利用数字化转型赋能区域创新协同发展；建立跨区域五链融合全要素创新机制。

---

① 《中华人民共和国国民经济和社会发展第十四个五年规划和 2035 年远景目标纲要》，人民出版社 2021 年版，第 88 页。

（一）加快东部地区创新发展一体化

国家 2035 年远景目标对区域一体化发展尤其是京津冀、长三角和粤港澳大湾区的区域一体化工作给予了高度重视，并力促 2035 年实现区域一体化与创新发展高度协同。《京津冀协同发展规划纲要》（2015）、《粤港澳大湾区发展规划纲要》（2019）、《长江三角洲区域一体化发展规划纲要》（2019）三个国家政策的发布，表明国家未来的政策着力点将放在京津冀地区、长三角地区和粤港澳大湾区的"先富"带动"后富"工作上，通过加速三个地区的一体化进程，使之率先实现全面共富，形成示范效应。其中，创新发展一体化融合工作尤为必要，这也是这些地区首先将财富蛋糕做大的基础。具体来看，共同富裕视野下我国区域创新政策在东部地区创新发展一体化工作方面的着力点如下：

一是实现区域交通、医疗、社会保障等公共基础设施与服务一体化。这是促使人才自由流通的基础保障。通过打通各省城市间的交通网络，尤其是城际公共交通网络，促进地区互动。通过医保等社会保障体系的互认互通，促使创新人才要素在区域内自由流动，全面激活其创新动能。通过更紧密的政策互通、标准互认等，促进创新资源要素自由流通，使创新资源配置更加合理化。

二是推动区域内科技创新合作一体化进程。加快京津冀、长三角和粤港澳大湾区等地区的创新共同体体系与制度建设，推动北京、上海和粤港澳大湾区等发展成为国际科技创新中心，尤其是诸如北京中关村、上海张江等科技创新突出的创新高地要发挥引领带动作用，共促东部地区整体达到全球创新发达地区水平。

（二）推动中、西部地区成为国家创新发展新引擎

中、西部地区是我国实现共同富裕的关键地区，也是第二个百年奋斗目标顺利实现的重要变量。国家对中、西部地区的政策支持由来已久，先后提出了西部大开发战略、黄河流域生态保护和高质量发展战略等地区开发战略以及城市群发展战略。在国家级新区方面，2010 年成立的重庆两江新区，2012年成立的兰州新区，2014 年成立的陕西西咸新区、贵州贵安新区、四川天府新区，2015 年成立的湖南湘江新区、云南滇中新区，以及 2016 年成立的江西赣江新区等 8 个国家级新区，为中、西部地区的创新发展提供了新动能，并逐渐发展为中、西部地区经济增长与科技创新发展的新引擎。共同富裕视野下我国区域创新政策在推动中、西部成为国家创新发展新引擎方面的着力点如下：

一是继续大力支持成都、西安、武汉、重庆和长沙等科技文卫资源相对集中且发达的城市发展为国家科创高地，带动引领域内中小城市协同创新，辐射域内各地区、各组织向创新型城市、创新型企业发展。

二是持续发力中、西部国家级新区的建设工作，通过在政策、资源等方面给予倾斜，加快国家级新区等科创中心的建设发展，促使其结合地区优势孕育一批具有核心竞争力的产业创新集群，以带动域内城市和企业的创新发展。

三是建设成渝城市群、长江中游城市群、中原城市群和关

中平原城市群等，全面提升域内的创新发展水平，形成与京津冀、长三角和粤港澳等城市群多足鼎立的创新格局。

（三）利用数字化转型赋能区域创新协同发展

我国作为一个幅员辽阔，特色文化和地理环境种类丰富的发展中大国，在协调区域创新协同发展中面临更多的不确定性变量和问题。数字技术的快速发展为我们实现跨区域的创新要素流通、合作创新等提供了有利条件，有助于实现跨区域创新合作的共商共建共享。共同富裕视野下中国区域创新政策将着力于充分利用数字技术及相关应用和场景等，一方面促进社会的数字化转型，另一方面引导数字技术助力区域创新协同发展。具体看，未来政策的着力点将聚焦于以下方面：

一是推动建设与完善数字基建，为区域创新协同发展提供条件。数字浪潮使得跨地区主体间的合作变得更加容易，但这是以全社会达到一定数字基建水平为前提的，需要我们利用现代数字技术和数字产品，初步完善数字政府、数字社会和数字经济体系。而相伴而生的数字红利也是建立在数字基建完善的基础上的。

二是引导建立与完善国家级、地区级数字平台，打通区域创新合作。区域创新协同的关键难点是地区间行政壁垒和地理隔阂等。推进各单位、各部门及各创新主体的数字化转型，并建立国家级、地区级数字平台，促使各主体、各单位在平台上进行交互与合作，能够大大降低各级政府间的行政壁垒和地理隔阂，不仅提高了创新协同效率，而且降低了协同成本。

三是激发数字化转型以赋能数字经济的发展，服务于共同富裕的实现。数字化转型与创新活动是世界产业经济发展的趋势。当今世界正经历百年未有之大变局，国际经济格局正面临重构，数字产业化与产业数字化发展水平决定着未来的创新发展水平，因此各国都在抢占数字科创高地。

四是数字资源的确权定价与市场化机制，促进数据驱动下的精准共富。数字时代的关键生产要素是数据要素，也是最大的生产力源泉。如何确权定价数字资源、如何在保障隐私下做到公共数据利用最大化等问题，都是共同富裕视野下我国区域创新政策的着力点。

（四）建立跨区域五链融合全要素创新机制

党的十九大报告明确指出，"我国经济已由高速增长阶段转向高质量发展阶段"[①]。高质量发展需要创新、协调、绿色、开放、共享的新发展理念的指引，提供发展方向与着力点。国家把创新摆到新发展理念的首位，强调协调发展的重要性，并把共享作为新发展理念的最后要求。可见，区域创新协调发展是实现共享创新发展红利的基础，也是实现共同富裕的基础之一。而在整个区域创新活动中，协调发展的保障是产业链、创新链、人才链、资金链和政策链五链融合下的资源要素畅通流动。共同富裕视野下中国区域创新政策在建立跨区域五链融合全要素创新机制方面的着力点如下：

一是围绕产业链部署创新链，围绕创新链布局产业链，抢

---

① 习近平：《决胜全面建成小康社会 夺取新时代中国特色社会主义伟大胜利——在中国共产党第十九次全国代表大会上的报告》，人民出版社 2017 年版，第30页。

占产业创新高地。共同富裕的前提是把经济做大做强，而经济发展的一个关键驱动力便是创新。前瞻性布局战略性新兴产业、高附加值产业，为共同富裕提供经济基础。

二是推动资金链支持创新链。资金是进行大型的重点创新活动的重要保障，尤其是一些关键核心技术的创新活动，在试验、试制等环节的资金耗费量极大，需要资金链融入创新链后给予全过程的精准支持。

三是发展人才链保障创新链。人才是实现创新活动的能动因素，是保障创新活动成功、影响创新质量和贡献的关键要素。区域创新政策应在人才的引、用、育、留等环节全面发力，通过人才的外引与自育保障创新活动高质量开展。

四是完善政策链激发创新链。创新活动极具冒险性，尤其是突破式创新、开创性创新活动。需要通过政策引导和政策保障创造有利于创新的友好环境，并通过政策保护创新者权益。

第二节　中国产业创新政策的转型方向与着力点

新时代共同富裕目标的实现，可通过产业创新政策的转型来促进，即通过转变产业角色、补强产业创新链、转变政策性质等方面推进共同富裕，并通过调整政策着力点提升区域创新发展平衡性、行业创新发展协调性以及产业创新能力。

一、中国产业创新政策的转型方向

中国产业创新政策的转型可聚焦于以下三个方向：由产业创新追赶者转变为创新前沿探索者；推动补强产业创新链以迈

向价值链中高端；更突出政策的普惠性和功能性。

（一）由产业创新追赶者转变为创新前沿探索者

近年来，我国科技创新与产业创新发展的供给能力实现大幅提升。根据世界知识产权组织（World Intellectual Property Organization，WIPO）发布的《2022年全球创新指数报告》，中国创新指数排名已升至第11位，自2013年以来连续10年稳步提升。2022年我国全社会研发经费支出首次突破3万亿元，研发投入强度首次突破2.5%，基础研究投入比重连续4年超过6%[①]。专利申请量多年稳居世界第一，国际论文发表数量也已多年位列世界第二。但是也应看到，我国在技术创新上长期扮演国际追赶者角色，因此很多产业创新政策停留在追赶者层面。而我国很多产业领域已处于技术并跑或领跑地位，因此这些产业创新政策对当前我国产业创新前沿探索者身份转型工作的指导和帮助意义还不明显。尤其是共同富裕视野下产业创新政策还不能起到先富带动后富、领先者带动后进者的功能性作用。

共同富裕视野下我国产业创新政策应向适配产业创新前沿探索者角色转变，应做我国产业创新的引路人和支持者，制定更多鼓励自由探索、颠覆性技术探索的行业创新政策，同时引导行业内成立多种类型、多主体的创新共同体，实现优势互补、协同创新，带动整个行业创新能力的提升。同时，大力度改革产业创新环境，促进创新资源自由流动和创新知识扩

---

① 《我国全社会研发经费支出首次突破3万亿元》，2023年2月24日，见 https://www.gov.cn/xinwen/2023-02/24/content_5743211.htm。

散，通过实施大众创业万众创新等战略激发更为广泛的创新活动，以支撑产业创新的前沿探索。通过配套产业创新环境的政策保障，打造全社会鼓励探索、容忍创新失败的产业创新基础环境。

（二）推动补强产业创新链以迈向价值链中高端

在"逆全球化"和贸易保护主义浪潮的冲击下，全球价值链的结构一方面呈现出局部收缩态势，另一方面表现出重构态势。各国围绕全球产业价值链分工位势之争日趋激烈。我国政府高度重视产业价值链位势的竞争地位。习近平总书记在党的十九大报告中强调，要"促进我国产业迈向全球价值链中高端"[1]。此后，商务部等七部门联合出台《关于加强国际合作提高我国产业全球价值链地位的指导意见》。共同富裕视野下，通过强化创新链中的短板领域，打造开放共享的产业创新体系，为构建更具包容性、更高位势的价值链分工模式打开空间，也为通过整体强化我国产业创新能力，全面提升我国产业在全球价值链中的分工位势带来机遇与挑战。

首先，共同富裕视野下我国产业创新政策应进一步强调构建完整的产业创新链条。通过响应当前双循环新发展格局的构建要求，突破"卡脖子"技术瓶颈、完善长效破解机制，以畅通国内循环通道，充分发挥我国产业全要素的完备性优势。其次，共同富裕视野下我国产业创新政策还应强化创新链前端的

---

① 习近平：《决胜全面建成小康社会 夺取新时代中国特色社会主义伟大胜利——在中国共产党第十九次全国代表大会上的报告》，人民出版社2017年版，第30页。

供给能力提升、后端的技术创新成果转化与市场准入等，不仅提升创新链的完备性，还应提升创新链的产出性和经济性。此外，在完整创新链的基础上，我国产业创新政策应引导创新主体从事更具挑战性的活动。例如，在战略性新兴产业领域，通过一定的产业补贴政策提升我国产业结构中高端产业占比，从而获取更高的产业利润，为共同富裕提供经济基础保障。

（三）更突出政策的普惠性和功能性

长期以来，我国的产业创新政策聚焦差异化、选择性的产业创新，以企业规模、经济效益、专利数量等指标对企业进行简单划分，并作为政策制定的门槛标准。模仿创新、创新追赶等早期产业创新发展方式的确为我国产业创新的快速发展带来了动能，但是也在一定程度上遏制了产业创新中原始创新和突破性创新的涌现。此外，原有的以利润衡量企业经营能力和以专利数量衡量企业创新能力的简单评价方式，使得行业内部形成两极差距，并使一些弱势企业面临生存危机。尤其是那些位于创新能力相对较差地区的企业、半公益性质的企业（如残疾人企业、农村剩余劳动力照顾性企业等）处境困难。这些都不利于实现社会协同发展和全体人民共同富裕。

2019 年习近平总书记在民营企业家座谈会上强调了产业创新政策向普惠性、功能性转型的重要性。共同富裕视野下，产业创新走向新发展阶段、新发展理念和新发展格局。未来应积极推进产业政策从差异化、选择性向普惠性、功能性转型——这也是共同富裕视野下中国产业创新政策转型的总体方向。

二、中国产业创新政策的着力点

中国产业创新政策的着力点可主要聚焦于以下三个方面：通过产业创新集群布局，增强区域创新发展平衡性；通过优化产业结构配套政策强化行业创新发展的协调性；通过数字技术优势促进产业创新能力的提升。

（一）通过产业创新集群布局，增强区域创新发展平衡性

随着第一个百年奋斗目标的初步完成，全国各区域的创新发展水平差距进一步缩小，长三角、珠三角等地区逐渐走上创新发展的快车道，但是东北地区和部分中、西部地区的创新发展能力与全国平均发展水平的差距进一步拉大。这些阻碍了我国通过创新发展促进共同富裕目标的实现。共同富裕视野下中国产业创新政策的着力点应聚焦以下方面：

一是分类指导，结合要素禀赋促进集群的创新转型。我国是一个工业大国，产业门类齐全。在新发展理念、新发展阶段下，可根据市场发展淘汰部分创新能力差或冗余的产业集群。同时，应结合地区要素禀赋提供针对性的政策供给，引导部分地区的产业集群向创新产业集群发展，以此带动地区的创新发展，使其各有优势、共同进步。

二是前瞻性布局一批新兴产业集群，带动形成全国创新多极格局。新兴产业集群较传统产业集群具有先天的地区经济带动优势。一方面，这些产业集群处于新兴行业，对产业基础的要求不如传统产业高；另一方面，高附加值、高利润率使得其在带动地区经济及周边产业的创新发展上具有更强的作用。因

此，在加强区域创新发展平衡性方面，产业创新政策应重点围绕构建多区域分布的新兴产业集群发力。

三是通过政策倾斜鼓励产业创新资源跨区域流通，以调节区域创新发展的平衡性。这一过程的政策倾斜应注意避免通过扭曲资源要素的方式实现，否则不仅不能带动欠发达地区创新水平的提升，反而扭曲了一次收入分配和二次收入分配逻辑，使得三次收入分配的实现变得更加困难。另外，也应注意在政策倾斜中避免直接的财政补贴。这不仅不能有效刺激产业创新，而且可能造成国际贸易纠纷，更合理的方式是融资政策支持、跨地区创新合作政策支持等。

（二）通过优化产业结构配套政策强化行业创新发展的协调性

我国经济进入高质量发展阶段，产业结构调整已进入深水区，产业结构在全球价值链的位势不断提升，产业发展已走出靠资源红利和政策支持的传统发展模式，并已具备参与更高强度国际竞争的实力基础。下一阶段我国产业创新政策将以加强行业创新发展的协调性为目标，具体聚焦在以下三个方面：

一是在降低行业政策覆盖面和扶持范围的基础上优化产业创新政策。在新发展阶段与新发展理念下，不应对产业发展制定过度干预政策。因为过多的产业政策一方面会弱化企业的抗风险能力和自我成长能力，另一方面也会人为干预企业生存的自然法则，不能通过优胜劣汰选出具有强劲生命力的企业，不利于实现收入分配公平。

二是侧重政策性扶持，优化产业结构以形成产业竞争力。

近些年，各国都推出了先进产业发展战略政策，以扶持战略性和先进性技术产业。我国应建立中央主导的统一产业政策，发挥我国制度优势，迅速构建一批先进产业，形成产业创新集群。这一方面能改善从业者的收入，另一方面能提振地区经济。

三是打破地区壁垒与行业垄断，促进产业创新共同发展。一方面，出台政策措施，着力破除影响市场公平、产业发展的行政壁垒，促进行业自由发展；另一方面，在一些对国家经济命脉、人民福祉影响不大的行业，制定措施打破壁垒，破除制度束缚，促进行业创新要素在各主体间的自由流动，形成市场经济下的行业创新共同发展。

（三）通过数字技术优势促进产业创新能力的提升

数字技术的快速迭代发展，促使人类社会进入新一次革命时代，全行业的生产要素与生产力发生彻底变革，数字化转型与数字化创新成为当前各行各业的必然变革方向。这使我国通过数字技术实现产业创新的平衡、协调发展和创新能力的进一步提升，最终推动全社会共同富裕成为可能。共同富裕视野下我国产业创新政策在借助数字技术推动产业创新能力提升方面的着力点包括以下两个方面：

一是加快新一代信息技术与产业的深度融合。帮助产业加快对新一代信息技术的应用，实现自身的数字化转型，需要政府提供政策指引和平台支持。尤其是一些中小企业陷于数字鸿沟，拥抱数字技术红利的能力较差，需要平台性第三方的支持。另外，对于一些数字技术如何转化为丰富场景与应用，也需要政府政策倾斜以激发第三方企业动力，进而通过数字技术提升产业创新能力。

二是加快数字产业化发展，助推产业整体创新能力的提升。新一代信息技术是支撑产业数字化发展的基础。未来国家应出台更多扶持数字产业发展的政策，鼓励更多的新一代信息技术产业主体从事数字技术创新、产品创新和应用创新，推动各类产业的数字化转型、数字化业务与创新活动的开展。

第三节　中国中小企业创新政策的转型方向与着力点

全面转入创新驱动发展模式，是高质量发展推动共同富裕的重要基础，而引导中小企业创新发展是高质量发展推动共同富裕的重要内容。中小企业的创新发展为推动共同富裕提供了强大助力。支持中小企业参与关键核心技术攻关，持续推进中小企业创新发展，是全面转入创新驱动发展模式的必然路径，也为全面实现共同富裕注入强劲的内生动力。本节梳理共同富裕视野下我国中小企业创新政策的转型方向和着力点。

一、中国中小企业创新政策的转型方向

中国中小企业创新政策的转型可聚焦于三个方向：从"提高集中度和扶持大企业"转向扶持"优质中小企业"；提高大中小企业的相互依存度，以促进融通创新；推动企业从聚焦盈利能力到关注提升创新发展能力。

（一）从"提高集中度和扶持大企业"转向扶持"优质中小企业"

2020年3月，习近平总书记在浙江考察时曾说："中小企业在我国产业发展中战略地位重要。"[1]中小企业是我国数量规模最为庞大的企业群体，在扩大就业、促进市场繁荣和满足人民群众需求等方面作出了很大贡献，在我国经济社会发展中具有举足轻重的地位。根据工业和信息化部的数据，我国现有4000多万家企业，其中95%以上是中小企业。据统计，中小企业贡献了我国80%的就业、70%左右的专利发明权、60%以上的GDP和50%以上的税收[2]。未来中小企业在我国经济中的占比和创新活跃度将进一步提升。

共同富裕视野下，我国中小企业创新政策的转型方向将聚焦于政府提升中小企业的核心竞争力与抵御外部压力的生存能力等方面。例如，面对2018年以来的国际贸易环境骤然恶化，2019年4月中共中央办公厅、国务院办公厅印发《关于促进中小企业健康发展的指导意见》，聚焦如何让中小企业更好生存的问题。2021年1月财政部、工业和信息化部联合印发《关于支持"专精特新"中小企业高质量发展的通知》，以期通过出台更具针对性、精准的企业扶持政策，让中小企业先存活下来，进而使其构筑自身核心竞争力。这表明国家对企业

---

[1] 《冲寒已觉东风暖——记习近平总书记在浙江调研疫情防控和复工复产》，《人民日报》2020年4月2日。
[2] 《政府工作报告提出持续让利实体经济 破解小微企业融资难题》，2021年3月7日，见 http://www.xyjwjc.gov.cn/lznews/lzyw/202103/t20210307_2413307.shtml。

的扶持政策将不再是直接给予财政补贴，而是以提升中小企业的核心竞争力为导向，培育一批可堪国际竞争大任、能带动产业创新能力提升的优质中小企业。

（二）提高大中小企业的相互依存度，以促进融通创新

2019年10月党的十九届四中全会审议通过的《中共中央关于坚持和完善中国特色社会主义制度 推进国家治理体系和治理能力现代化若干重大问题的决定》指出，"建立以企业为主体、市场为导向、产学研深度融合的技术创新体系，支持大中小企业和各类主体融通创新"。这是在国内国外环境发生深刻变化后党中央的正确决策，是国内企业攻坚克难、突破外部包围的有效途径。尤其是对中小企业等各类主体融通创新的支持，是充分发挥大企业与中小企业彼此优势、促进双方交互依存、促进协同创新的有力保障，也为我国中小企业创新政策提供了共同富裕视野下的转型方向。

共同富裕视野下我国中小企业创新政策的转型方向应重点关注如何促进大中小企业的相互依存度，如何破除大中小企业合作创新的知识和制度壁垒以及利益分配等。另外，协调好中小企业在多主体创新生态圈中的地位和作用，发挥大企业与中小企业各自的特色优势，是下一步我国中小企业创新政策转型的一个重要方向。

（三）推动企业从聚焦盈利能力到关注提升创新发展能力

虽然我国中小企业的数量庞大，但是真正做大做强的极少。持续发展能力不足、缺乏核心竞争力，在遇到外部压力或

面对动荡环境时难以应对，这是我国中小企业的现状。

共同富裕视野下我国中小企业创新政策的转型方向应关注中小企业创新发展能力的提升，引导企业不将更多目光聚焦于短期利益的获取，而应聚焦于核心能力的构建，通过技术、产品、模式或流程等的创新获取差异化优势，从而形成核心竞争力——这是中小企业实现生存和长期发展的基础保障。

二、中国中小企业创新政策的着力点

中国中小企业创新政策的着力点可主要聚焦于以下三个方面：继续加大融资支持力度，精准落实财政税收扶持政策；加大创新创业扶持力度，激活中小企业的创新活力和发展动能；构筑有助于中小企业创新成长的软环境，以提升其国际竞争力。

（一）继续加大融资支持力度，精准落实财政税收扶持政策

面对复杂多变的国内国际环境，中小企业的生存状况变得更加严峻，其创新发展活动的开展尤为艰难，尤其是那些没有抵押物和信用背书的初创期中小企业，其融资更加困难。另外，一些高技术领域的中小企业由于创新投资巨大、创新风险极高，可能需要财政支持以度过创新瓶颈期。共同富裕视野下我国中小企业创新政策在落实金融和财政支持方面的着力点应包括以下三个方面：

一是继续加大直接融资支持。深化"新三板"改革和发挥北京证券交易所的定位作用，健全和合理化中小企业上市融资的流程支持、咨询服务等，将之打造成服务于中小企业融资的

主阵地。完善监管体系，畅通私募股权和创业投资基金的相关流程，发挥中小企业基金、国家新兴产业创业投资引导基金等的作用，推动中小企业的创新创业活动。

二是创新金融服务模式。利用区块链、大数据等新兴技术，全面提升金融机构对中小企业的金融服务能力。发挥人民银行征信系统的作用，提升不动产融资渠道的便利性。建立知识产权融资机制，鼓励科技创新型企业以知识产权融资，增强中小企业的无形资产融资能力。

三是提升财政税费补贴精准性。根据国家对中小企业创新政策的转型方向，适度向"专精特新"中小企业、"小巨人"企业及制造业单项冠军企业给予政策倾斜，建立分类评估资助制度。推出各种形式的税费优惠活动，利用大数据等数字技术，精准筛选出符合补贴资助条件的企业，展开定向服务。

（二）加大创新创业扶持力度，激活中小企业的创新活力和发展动能

"大众创业、万众创新"理念的提出以及相关政策措施的出台，不仅指明了共同富裕视野下中国中小企业创新政策的转型方向，而且提供了政策着力点。为激活社会创新效力、激发中小企业的创新活力和发展动能，共同富裕视野下中国中小企业创新政策的着力点可聚焦以下三个方面：

一是发挥政府的平台支持作用，鼓励大中小企业协同创新。发挥政府在制定技术、创新和产品等统一标准方面的作用，同时为中小企业提供一个包含共性技术与方法、大型科研设备、实验中心等的资源平台，为中小企业进一步开展创新活

动提供基础。此外，政府应在成果转化、市场信息获取和合作创新等方面为中小企业提供平台服务。

二是完善企业梯度培育体系，推动培育优质中小企业。继续推动对"专精特新"企业、"小巨人"企业及制造业单项冠军企业等的评价工作，注意各类企业评价标准的融通化与衔接化，促进建立中小企业由小到大、由弱到强的成长评价标准体系。制定国家科技计划措施，引导中小企业成长为创新型大企业。

三是推动数字化转型与数字技术应用，促进企业基于数字技术提升创新水平。数字技术的迭代发展及其应用与产业的不断深化融合，弥合了中小企业与大企业之间的数字鸿沟，也为中小企业实现"弯道超车"提供了可能的机会。应利用数字时代的契机，通过政策工具推动中小企业创新发展。推动数字技术、产品与服务在中小企业应用，树立一批可复制的数字化赋能场景与应用。强化工业互联网对中小企业的赋能作用，促进资源与产能等在各创新主体间的合理配置。提升智能制造在中小企业的应用与价值发挥，缩小中小企业与大企业在劳动价格上的差距。

（三）构筑有助于中小企业创新成长的软环境，以提升其国际竞争力

与大企业相比，中小企业的创新发展更加艰难，因此需要适时地给予创新政策扶持，打造有助于其创新成长的软环境。一方面保护和培育初创企业，另一方面发展和提升优质企业，助力更多的中小企业走向世界市场舞台、获取前沿技术知识。

通过政策助力中小企业在更有利条件下提升创新水平，是实现共同富裕的创新基础，相关创新政策应聚焦以下两个方面：

一是提升人才队伍素质。通过举办系列学习活动，培育壮大企业家队伍。积极吸引企业家参与有关企业政策制定工作，优化企业技术人才评审机制，为突出贡献者提供绿色通道。为高等院校与企业提供人才培养与需求对接平台，并提供优质精准的人才管理服务等。

二是加强服务体系建设。由政府牵头成立中小企业公共事业服务平台、"双创"服务平台、中小企业创新创业示范基地等，建设一批服务于中小企业的服务产业，形成政府公共服务、市场化服务及公益事业服务等服务体系，提高对中小企业创新发展事业的服务能力。

第四节　中国创新型企业创新政策的转型方向与着力点

作为知识经济的主体，新经济、新业态和新模式的创造者，创新型企业是扎实推进共同富裕的中坚力量。共同富裕视野下我国创新型企业的创新政策应向注重企业成长、发挥企业主体作用、促进资源集聚、推进科技赋能等方向转型，根据新时代共同富裕对创新型企业创新发展的要求调整政策着力点。

一、中国创新型企业创新政策的转型方向

中国创新型企业创新政策的转型可主要聚焦于四个方向：从关注创新结果转向注重企业成长潜力挖掘；突出政府引导下

创新活动中企业的主体作用；引导创新资源向科技型创新企业集聚；推进科技赋能企业技术创新能力内生化。

（一）从关注创新结果转向注重企业成长潜力挖掘

当前我国关于创新的政策都是从创新结果的产出价值进行评价和筛选受益对象的，但是这并不能直接起到"扶弱"作用，有时甚至拉大了企业间创新能力差距。初创企业或科技型企业的创新产出具有迟滞性，有时甚至需要十几年的前期创新投入才能有相应产出。这给制定创新型企业扶持对象评定政策造成困难，很多时候创新扶持政策是根据企业已有的创新产出确定扶持力度的，这对那些正在成长或具有较大成长潜力的企业具有不公平性。

共同富裕视野下我国创新型企业创新政策，应更注重促进企业均衡发展的创新政策功效，在制定创新政策时需要分类评价与扶持。对于从事高风险创新活动的企业和新兴产业领域的创新型企业，应更关注其创新投入指标，在创新活动的前期进行政策支持更加有效。因此，共同富裕视野下的企业创新政策应注重全面扶持初创科技企业、成长型创新企业等，应从关注其创新产出转向关注其创新成长潜力。

（二）突出政府引导下创新活动中企业的主体作用

当前我国经济发展的所处阶段已从快速增长期转入高质量发展阶段，发展方式、经济结构和增长动力等都发生了深刻变化，企业在此阶段担负着更多的创新责任，应发挥创新主体作用。但是，当前企业在创新活动中的主体地位并未得到完全突显，造成很多创新成果不能与企业需求对接，不能有效实现市场转化。东亚新兴市场的经验表明，企业的创新活动需要政府的有效引导和发挥平台作用，如此才能促使企业在创新活动中真正处于主体地位，如日本政府对半导体产业的引导、韩国政府对造船产业、电子产业的引导等。

共同富裕视野下中国创新型企业创新政策，应突出政府引导下创新活动中企业的主体作用，通过构建多种形式的平台和中介机构，助力企业由创新链中的被动接受者变为创新链的发起者和指挥者。共同富裕视野下，应形成"企业出题、高校解题、政府助题"的创新模式，鼓励企业向创新型企业转型，通过与高校、科研院所建立长期合作，保持企业创新动能的持续性。

（三）引导创新资源向科技型创新企业集聚

企业在业务流程、组织模式和管理体制等方面的创新举措，是企业实现高质量创新发展的核心变量，而创新型企业则是此方面的先行者。科技型创新企业是创新型企业的主要构成，在创造社会财富增量、提升创新投入产出比方面具有显著优势，应得到创新要素的重点支持。

共同富裕视野下中国创新型企业创新政策，应引导创新资源向科技创新型企业集聚。一方面，通过推动完善企业研发体系的配套政策支持，鼓励科技型创新企业建立完善的内部研发平台、技术中心等，支持有条件的科技型创新企业牵头建设国家重点实验室、技术创新研究中心等，以此集聚更多的创新资源。另一方面，通过政策支持科技型创新企业主导产学研合作，吸引更多的创新资源集聚。当然，这些都应建立在支持创新资源共享的基础上，以此提升协同创新，提升合作创新的溢出效应，为实现共同富裕增砖添瓦。

（四）推进科技赋能企业技术创新能力内生化

企业持续创新、创新绩效持续转化为市场绩效，主要依靠企业自身的创新能力，即推动技术实力向价值创造能力转化。创新能力的获取需要保持与技术市场发展同步，利用最新技术持续赋能创新活动。当前应注重数字资源向数字资产的转化，科技与业务双轨并行向双向融合的转化。加大核心技术攻关力度，稳步开展核心领域自主可控技术应用，通过强大的技术基础，创新的产品和精准的服务，实现科技与业务的有效融合，打造基于自身科技创新持续迭代优化的创新生态。持续赋能企业内生化下的创新生态构建，为企业带来持久经济效益的同时，提升企业的稳定发展性，有利于社会的发展稳定和人民福祉的提升，最终推进共同富裕。

共同富裕视野下中国创新型企业创新政策，应转向赋能企业构建技术创新能力和成果转化能力，尤其是强化创新型企业的先进创新成果转化与社会效益提升。成果转化的"最后一公里"和基础研究的"最先一公里"同等重要。提高科技创新服务效能，需要加快推动创新科技成果转化为生产力，反过来又能助力激活企业内生技术创新能力，推动企业通过持续创新产出助力实现共同富裕。

二、中国创新型企业创新政策的着力点

中国创新型企业创新政策的着力点可主要聚焦于三个方

面：培育壮大创新型中小企业规模与提升创新能力；完善创新型企业税收优惠政策；营造鼓励企业创新的良好环境。

（一）培育壮大创新型中小企业规模与提升创新能力

创新型企业的培育与提升工作，是国家各部门、各级政府常抓不懈的工作。自 2006 年国家提出建设创新型国家的目标以来，国家各部门制定出台了若干扶持创新型企业或提升企业创新能力的政策，不断筛选出更多的创新型企业纳入重点扶持名单。为了加快推动创新型企业走好创新驱动发展道路，强化对科技企业的政策引导与精准支持，2019 年科技部制定了《关于新时期支持科技型中小企业加快创新发展的若干政策措施》，引导更多的科技型中小企业走好创新驱动发展道路。可见，国家创新型企业创新政策的目标之一就是壮大创新型中小企业的规模，提升其创新发展能力，最终将我国建成创新型国家。共同富裕视野下中国创新型企业创新政策在培育壮大创新型中小企业规模与提升创新能力的着力点应包括：

一是应扩大政策扶持范围和提升政策扶持力度。应加大当前对创新型中小企业的政策扶持力度，避免信息不对称降低政策功效。注重政策扶持范围的动态调整，关注不断涌现的新兴技术对产业类型、产业模式和生态的影响，与时俱进地调整政策扶持范围的界定标准。

二是应强化对成长型的创新型中小企业的精准扶持。在扩大扶持范围的同时，利用大数据等新技术进行科学评价、精准决策。分类制定创新型企业评价标准，避免一些具有成长潜力的初创企业因尚未取得显著成果而错失被扶持机会。

三是灵活运用多种政策工具。针对不同类型的创新型中小企业制定不同的政策措施，进行分类扶持。例如：对于创新能力强的企业，应注重给予金融支持；对于创新能力差的企业，注重给予技术扶持等。注重创新型中小企业的全过程差别化政策支持。例如，中小企业前期可能对技术、资金的需求更强烈，后期可能对税费、市场引导服务、中介服务等的需求更强烈，可分别通过税费优惠、财政补贴和政府采购等不同政策工具予以支持。

（二）完善创新型企业税收优惠政策

创新型企业天然承担了更高的企业风险，因此应在财政税收方面给予优惠。同时，税收优惠还可充分刺激企业的创新活力，给周边企业带来创新溢出，能够产生更高的社会外部效应。共同富裕视野下中国创新型企业创新政策在税收优惠方面的着力点应聚焦以下三个方面：

一是应细化创新型企业分类，完善企业增值税抵扣链。不同类型的创新型企业面对的市场环境不同，社会贡献和企业风险也不同。首先，应制定分类税收优惠政策。针对诸如新兴产业的创新型企业，税收优惠还应结合地方特点，通过税收工具加以引导。其次，应制定更详细的抵扣范围与详细目录，细化重大研发项目的抵扣制度。例如，在研发中引入人才成本作为抵扣范畴，激励企业创新人才投入等。最后，政府还应制定降低增值税占税收收入比例的长期政策，以降低增值税对企业创新发展的掣肘，彻底激活创新型企业的活力。

二是简化税收手续以降低企业税收手续成本。创新型企业是税收优惠政策重点扶持的一类企业，而不同的税收优惠措施之间可能存在排他关系。复杂的税收管理制度严重牵制了企业精力，很多时候企业可能需要专门的报税团队负责报税与合理化税费工作。政府应科学制定更详细的税收分类制度和流程规范，并引入基于大数据的税收自动化系统，降低人工投入成本。这有利于创新型企业将更多精力投入于创新活动。

三是完善科技创新型人才税收优惠机制。人才是创新型企业的最核心资源，也是影响创新成功的关键变量。降低科技创新人才个人所得税的目的，是增强对科技创新人才创新产出的激励作用。完善技术转让个人所得税的征收办法。例如，可延长递延所得税期限，让科技成果有更长的转化周期，通过项目盈利后的税收收入抵扣个人所得税。对于国家重点鼓励的新兴产业创新型企业，可对受到现金或股权激励的员工进行单独计税，而不计入个人收入中累计计税等。

（三）营造鼓励企业创新的良好环境

国家政策应注重培育创新型企业的成长环境，鼓励更多合适的企业转型为创新型企业。为此，共同富裕视野下中国创新型企业创新政策在营造鼓励企业创新的良好环境上可聚焦以下四个方面：

一是继续加大对创新活动的支持力度。继续推动规模以上企业承担重大技术突破项目的积极性，在实施研发费用抵税政策的基础上，加大对企业投入研发经费进行配套支持的力度。对从事国家"卡脖子"技术或关键技术的创新活动的企业进行专项基金支持。针对本领域的共性技术、前沿技术和关键核心技术，鼓励和支持一些行业龙头企业牵头组建技术创新中心等。对一些创新型企业的"首台套"装备、首批次新材料、首次版权软件等创新活动给予财政支持。

二是加大创新金融服务力度。支持探索科技银行、创新创业种子基金、天使基金等多种形式的金融渠道。深入开展"人才贷""人才投"等新型信贷方式，为高端人才的创新创业活动提供金融支持。按照多方联动、专项管理、公益运作的原则，设立各级别创业种子投资引导基金，并与各级政府、开发园区、高校、科研院所等组建创新创业种子投资基金，扶持创客空间等创业载体中的创业团队和种子期创新型小微企业，推动其对新兴产业中的新技术、新构思、新原理的商业潜能发掘。

三是建立企业家精神的培育与传承机制。一个地区的企业家精神越强，区域创新氛围越强，创新容错机制越深入人心。市场主体的创新积极性越高，越有利于企业增加研发投入。创新政策应强化企业家精神的传承，激发和保护企业家精神，制定相应的配套服务体系，对为社会发展作出贡献的优秀企业家进行荣誉激励，完善企业家服务工作体系等。

四是塑造激励创新、宽容失败的社会文化环境和创新氛围。建立创新容错和风险共担机制，健全宽松的社会创新网络，培育创新文化，营造良好的创新环境。摒弃"只许成功，不许失败"的思想，构筑企业家容错帮扶新机制，培育"勇于创业、支持创新、容忍失败、宽容跳槽、激发裂变"的创新创业文化环境，为创新型企业打造属于创新者的乐园。

参考文献

Abernathy W. J., Utterback J. M., "Patterns of Industrial Innovation", *Technology Review*, Vol.80, No.7（1978）, pp.40–47.

Arrow K., "Economic Welfare and the Allocation of Resources for Invention", in *The Rate and Direction of Inventive Activity: Economic and Social Factors*, Arrow K.（eds.）, Princeton: Princeton University Press, 1962.

Barney J., "Firm Resources and Sustained Competitive Advantage", *Journal of Management*, Vol.17, No.1（1991）, pp.3–10.

Bloom N., Van Reenen J., Williams H., "A toolkit of Policies to Promote Innovation", *Journal of Economic Perspectives*, Vol.33, No.3（2019）, pp.163–184.

Bogers M., Granstrand O., Holgersson M. J., *The Dynamics of Multi-layered Openness in Innovation Systems: The Role of Distributed Knowledge and Intellectual Property*, in R&D Management Conference, Grenoble, 2012–05–23.

Burns T., Stalker G. M., *The Management of Innovation*, London: Tavistock Publications, 1961.

Campbell A., Yeung S., "Brief Case: Mission, Vision and Strategic Intent", *Long Range Planning*, Vol.24, No.4（1991）,

236

pp.145–147.

Chaganti R., Sambharya R., "Strategic Orientation and Characteristics of Upper Management", *Strategic Management Journal*, Vol.8, No.4（1987）, pp.393–401.

Chen J., Su Y. S., de Jong, J. P. J., et al., "Household Sector Innovation in China: Impacts of Income and Motivation", *Research Policy*, Vol.49, No.4（2020）.

Chen J., Yin X., Mei L., "Holistic Innovation: An Emerging Innovation Paradigm", *International Journal of Innovation Studies*, Vol.2, No.1（2018）, pp.1–13.

Chesbrough H., Vanhaverbeke W., West J., *New Frontiers in Open Innovation*, Oxford: Oxford Universtiy Press, 2014.

Chesbrough H. W., *Open Innovation: The New Imperative for creating and Profiting from Technology*, Boston: Harvard Business School Press, 2003.

Chesbrough H., *Open Innovation Results: Going beyond The Hype and Getting Down to Business*, Oxford, England: Oxford University Press, 2020.

Chesbrough H., Crowther A. K., "Beyond High Tech: Early Adopters of Open Innovation in Other Industries", *R&D Management*, Vol.36, No.3（2006）, pp.229–236.

Chesbrough H., Lettl C., Ritter T., "Value Creation and Value Capture in Open Innovation", *Journal of Product Innovation Management*, Vol.35, No.6（2018）, pp.930–938.

Christensen C., *The Innovator's Dilemma: When New*

Technologies Cause Great Firms to Fail, Cambridge, MA: Harvard Business School Press, 1997.

Christensen C. M., McDonald R., Altman E. J., et al., "Disruptive Innovation: An Intellectual History and Directions for Future Research", *Journal of Management Studies*, Vol.55, No.7 (2018), pp.1043–1078.

Clark K. B., "Project Scope and Project Performance: The Effect of Parts Strategy and Supplier Involvement on Product Development", *Management Science*, Vol.35, No.10 (1989), pp.1247–1263.

Cooper R., Slagmulder R., *Supply Chain Development for the Lean Enterprise: Interorganizational Cost Management*, Portland: Productivity Press, 1999.

Cusumano M. A., Nobeoka K., *Thinking Beyond Lean: How Multi-Project Management Is Transforming Product Development at Toyota and Other Companies*, New York: The Free Press, 1998.

Duncan R. B., "The Ambidextrous Organization: Designing Dual Structures for Innovation", *The Management of Organization*, Vol.1, No.1 (1976), pp.167–188.

Etzkowitz H., Leydesdorff L., "The Dynamics of Innovation: from National Systems and 'Mode 2' to A Triple Helix of University–Industry–Government Relations", *Research Policy*, Vol.29, No.2 (2000), pp.109–123.

Etzkowitz H., *The Triple Helix: University-Industry-Government Innovation in Action*, New York: Routledge, 2008.

Fagerberg J., Fosaas M., Sapprasert K., "Innovation:

Exploring the Knowledge Base", *Research Policy*, Vol.41, No.7 (2012), pp.1132–1153.

Fischer M. M., Fröhlich J. (eds.), *Knowledge, Complexity and Innovation Systems*, Springer Science & Business Media, 2013.

Flavell J. H., "Metacognition and Cognitive Monitoring: A New Area of Cognitive-Development Inquiry", *American Psychologist*, Vol.34, No.10 (1979), pp.906–911.

Fontana R., Geuna A., Matt M., "Factors Affecting University-Industry R&D Projects: The Importance of Searching, Screening and Signaling", *Research Policy*, Vol.35, No.2 (2006), pp.309–323.

Frankl V. E., *Man's Search for Meaning: An Introduction to Logotherapy*, Boston: Beacon Press, 2006.

Freeman C., "Continental, National and Sub-National Innovation Systems-Complementarity and Economic Growth", *Research Policy*, Vol.31, No.2 (2002), pp.191–211.

Gibson C. B., Birkinshaw J., "The Antecedents, Consequences, and Mediating Role of Organizational Ambidexterity", *Academy of Management Journal*, Vol.47, No.2 (2004), pp.209–226.

Gold A. H., Malhotra A., Segars A. H., "Knowledge Management: An Organizational Capabilities Perspective", *Journal of Management Information Systems*, Vol.18, No.1 (2001), pp.185–214.

Haken H., *Synergetics: Cooperative Phenomena in Multi-Component Systems*, Springer-Verlag, 2013.

Haken H., Mikhailov A., *Interdisciplinary Approaches to*

Nonlinear Complex Systems, Springer Science & Business Media, 2012.

Hambrick D. C., Mason P. A., "Upper Echelons: The Organization as a Reflection of Its Top Managers", *Academy of Management Review*, Vol.9, No.2 (1984), pp.193-206.

Hambrick D. C., "High Profit Strategies in Mature Capital Goods Industries: A Contingency Approach", *Academy of Management Journal*, Vol.26, No.4 (1983), pp.687-707.

Harland C., Brenchley R., Walker H., "Risk in Supply Networks", *Journal of Purchasing and Supply Management*, Vol.9, No.2 (2003), pp.51-62.

Hart S. L., Christensen C. M., "The Great Leap", *Nursing Standard*, Vol.16, No.34 (2002), pp.12-13.

Heidenreich M., "Innovation Patterns and Location of European Low- and Medium-Technology Industries", *Research Policy*, Vol.38, No.3 (2009), pp.483-494.

Hertog P. D., Gallouj F., Segers J., et al., "Measuring Innovation in a 'Low-Tech' Service Industry: The Case of the Dutch Hospitality Industry", *The Service Industries Journal*, Vol.31, No.9 (2011), pp.1429-1449.

Hirsch-Kreinsen H., Laestadius S., Smith K., et al., "Low and Medium Technology Industries in the Knowledge Economy: The Analytical Issues", in *Low-Tech Innovation in the Knowledge Economy*, Jacobson, D. (eds.), Frankfurt, Hesse: Peter Lang, 2005.

Jensen R. A., Thursby J. G., Thursby M. C., "Disclosure and Licensing of University Inventions: The Best We Can Do with We Get to

Work with", *International Journal of Industrial Organization*, Vol.21, No.9（2003）, pp.1271–1300.

Jo H., Harjoto M., "Corporate Governance and Firm Value: The Impact of Corporate Social Responsibility", *Journal of Business Ethics*, Vol.103, No.3（2011）, pp. 351–383.

Kirner E., Kinkel S., Jaeger A., et al., "Innovation Paths and the Innovation Performance of Low–Technology Firms—An Empirical Analysis of German Industry", *Research Policy*, Vol.38, No.3（2009）, pp.447–458.

Koschatzky K., "Networking and Knowledge Transfer between Research and Industry in Transition Countries: Empirical Evidence from the Slovenian Innovation System", *Journal of Technology Transfer*, Vol.27, No.1（2002）, pp.27–38.

Lévi–Strauss C., *Myth and Meaning*, Toronto: University of Toronto Press, 1978.

Lewis M. W., "Exploring Paradox: Toward a More Comprehensive Guide", *Academy of Management Review*, Vol.25（2000）, pp.760–777.

Liu F. C., Simon D. F., Sun Y. T., et al., "China's Innovation Policies: Evolution, Institutional Structure, and Trajectory", *Research Policy*, Vol.40, No.7（2011）, pp.917–931.

Lundvall B. A., *National Systems of Innovation: Toward a Theory of Innovation and Interactive Learning*, London: Anthem Press, 2010.

Mansfield E., *Industrial Research and Technological Innovation:*

An Econometric Analysis，New York：W. W. Norton & Company，1968.

March　J. G.，"Continuity and Change in Theories of Organizational Action"，*Administrative Science Quarterly*，Vol.41，No.2（1996），pp.278–287.

Maslow　A. H.，"A Theory of Human Motivation"，*Psychological Review*，Vol.50，No.4（1943），pp.370–396.

Maslow　A. H.，*Motivation and Personality*，New York：Harper，1954.

Miles　R. E.，Snow　C. C.，Meyer　A. D.，et al.，"Organizational Strategy，Structure，and Process"，*Academy of Management Review*，Vol.3，No.3（1978），pp.546–562.

Mumford　M. D.，"Social Innovation：Ten Cases from Benjamin Franklin"，*Creativity Research Journal*，Vol.14，No.2（2002），pp.253–266.

Nicholls　A.，Murdock　A.，"Social Innovation：Blurring Boundaries to Reconfigure Markets"，*Nonprofit & Voluntary Sector Quarterly*，Vol.42，No.6（2013），pp.1298–1300.

Nonaka　I.，"A Dynamic Theory of Organizational Knowledge"，*Organization Science*，Vol.5，No.1（1994），pp.14–37.

Normann　R.，Ramirez　R.，"From Value Chain to Value Constellation：Designing Interactive Strategy"，*Harvard Business Review*，Vol.71，No.4（1993），pp.65–77.

OECD，*Science and Technology Policy：Review and Outlook*，Paris：OECD，1994.

Owen　R.，Macnaghten　P.，Stilgoe　J.，"Responsible Research

and Innovation: From Science in Society to Science for Society, with Society", *Science & Public Policy*, Vol.39, No.6 (2012), pp.751–760.

Pavitt K., "Sectoral Patterns of Technical Change: Towards a Taxonomy and a Theory", *Research Policy*, Vol.13, No.6 (1984), pp.343–373.

Phelps E. S., *Mass Flourishing: How Grassroots Innovation Created Jobs, Challenge, and Change*, Princeton: Princeton University Press, 2013.

Porter M. E., "Industry Structure and Competitive Strategy: Keys to Profitability", *Financial Analysts Journal*, Vol.36, No.4 (1980), pp.30–41.

Radjou N., Prabhu J. C., *Frugal Innovation: How to Do More with Less*, London: the Economist, 2016.

Ring P. S., van de Ven A. H., "Developmental Processes of Cooperative Inter-Organizational Relationships", *The Academy of Management Review*, Vol.19, No.1 (1994), pp.90–118.

Robertson P. L., Patel P. R., "New Wine in Old Bottles: Technological Diffusion in Developed Economies", *Research Policy*, Vol.36, No.5 (2007), pp. 708–721.

Rogers E. M., *Diffusion of Innovations*, New York: Free Press, 1962.

Santamaría L., Nieto M. J., Barge-Gil A., et al., "Beyond Formal R&D: Taking Advantage of Other Sources of Innovation in Low- and Medium-Technology Industries", *Research Policy*, Vol.38, No.3

（2009），pp.507-517.

Schumpeter J. A., Salin E., Preiswerk S., *Kapitalismus*, *Sozialismus Und Demokratie*, Bern: Francke, 1950.

Schumpeter J. A., *Business Cycles: A Theoretical, Historical, and Statistical Analysis of the Capitalist Process*, New York: McGraw-Hill, 1939.

Schumpeter J. A., *The Theory of Economic Development*, Cambridge: Harvard University Press, 1934.

Schumpeter J. A., *The Theory of Economic Development: An Inquiry into Profits, Capital, Credit, Interest, and the Business Cycle*, Piscataway: Transaction Publishers, 1934.

Slater S. F., Olson E. M., Hult G. T. M., "The Moderating Influence of Strategic Orientation on the Strategy Formation Capability—Performance Relationship", *Strategic Management Journal*, Vol.27, No.12（2006），pp.1221-1231.

Stern N., Valero A., "Research Policy, Chris Freeman Special Issue Innovation, Growth and the Transition to Net-Zero Emissions", *Research Policy*, Vol.50, No.9（2021）.

Stilgoe J., Owen R., Macnaghten P., "Developing a Framework for Responsible Innovation", *Research Policy*, Vol.42, No.9（2013），pp.1568-1580.

Stoneman P., *Soft Innovation: Economics, Product Aesthetics, and the Creative Industries*, New York: Oxford University Press Inc., 2010.

Swann G. P., *Common Innovation: How We Create the Wealth of*

Nations, Edward Elgar Publishing, 2014.

Teece D. J., "Reflections on 'Profiting from Innovation'", *Research Policy*, Vol.35, No.8（2006）, pp.1131–1146.

Vanhaverbeke W., Cloodt M., "Open Innovation in Value Networks", in *Open Innovation: Researching a New Paradigm*, Chesbrough H., Vanhaverbeke W., West J.（eds.）, Oxford: Oxford University Press, 2006.

Verganti R., "Design as Brokering of Languages: The Role of Designers in the Innovation Strategy of Italian Firms", *Design Management Journal*, Vol.14, No.3（2003）, pp.34–42.

Verganti R., "Design, Meanings, and Radical Innovation: A Metamodel and a Research Agenda", *Journal of Product Innovation Management*, Vol.25, No.5（2008）, pp.436–456.

Verganti R., *Design-driven Innovation: Changing the Rules of Competition by Radically Innovating What Things Mean*, Boston: Harvard Business Press, 2009.

Von Hippel E., "Democratizing Innovation: The Evolving Phenomenon of User Innovation", *Journal Für Betriebswirtschaft*, Vol.55, No.1（2005）, pp.63–78.

Von Hippel E., "Lead Users: A Source of Novel Product Concepts", *Management Science*, Vol.32, No.7（1986）, pp.791–805.

Wernerfelt B., "A Resource-based View of the Firm", *Strategic Management Journal*, Vol.5, No.2（1984）, pp.171–180.

West J., Salter A., Vanhaverbeke W., et al., "Open Innovation: The Next Decade", *Research Policy*, Vol.43, No.5

（2014），pp.805–811.

Zhou J., Hoever I. J., "Research on Workplace Creativity: A Review and Redirection", *Annual Review of Organizational Psychology and Organizational Behavior*, Vol.1, No.1（2014），pp.333–359.

白玲、邓玮：《科技创新在中低技术产业中为什么同样重要？》，《社会科学战线》2008 年第 6 期。

蔡之兵、张可云：《中国区域发展战略的 60 年历程回顾（1953—2013）》，《甘肃社会科学》2015 年第 2 期。

曾宪奎：《我国构建关键核心技术攻关新型举国体制研究》，《湖北社会科学》2020 年第 3 期。

陈春花等：《协同管理国内外文献比较研究——基于科学计量学的可视化知识图谱》，《科技进步与对策》2018 年第 21 期。

陈劲、陈钰芬：《开放创新体系与企业技术创新资源配置》，《科研管理》2006 年第 3 期。

陈劲：《协同创新》，浙江大学出版社 2012 年版。

陈劲、阳银娟：《协同创新的理论基础与内涵》，《科学学研究》2012 年第 2 期。

陈劲、王锟、Hang Chang Chieh：《朴素式创新：正在崛起的创新范式》，《技术经济》2014 年第 1 期。

陈春花：《共享时代的到来需要管理新范式》，《管理学报》2016 年第 2 期。

陈劲、尹西明、梅亮：《整合式创新：基于东方智慧的新兴创新范式》，《技术经济》2017 年第 12 期。

陈劲、尹西明、赵闯：《反贫困创新的理论基础、路径模型与中国经验》，《天津社会科学》2018 年第 4 期。

陈劲等：《反贫困创新：源起、概念与框架》，《吉林大学社会科学学报》2018 年第 5 期。

陈劲、韩令晖、曲冠楠：《公民创新——探索万众创新的后熊彼特范式》，《创新与创业管理》2019 年第 2 期。

陈劲、阳银娟、刘畅：《融通创新的理论内涵与实践探索》，《创新科技》2020 年第 2 期。

陈劲、尹西明、阳镇：《新时代科技创新强国建设的战略思考》，《科学与管理》2020 年第 6 期。

陈劲、朱子钦：《关键核心技术"卡脖子"问题突破路径研究》，《创新科技》2020 年第 7 期。

陈劲、阳镇、朱子钦：《"十四五"时期"卡脖子"技术的破解：识别框架、战略转向与突破路径》，《改革》2020 年第 12 期。

陈劲、阳镇、尹西明：《双循环新发展格局下的中国科技创新战略》，《当代经济科学》2021 年第 1 期。

陈劲：《产业关键核心技术"卡脖子"问题的突破路径》，《中国经济评论》2021 年第 2 期。

陈劲、阳镇：《新发展格局下的产业技术政策：理论逻辑、突出问题与优化》，《经济学家》2021 年第 2 期。

陈劲、阳镇：《融通创新视角下关键核心技术的突破：理论框架与实现路径》，《社会科学》2021 年第 5 期。

陈劲：《共同富裕视野下的科技创新》，《中国经济评论》2021 年第 9 期。

陈劲：《共同富裕视野下的企业管理》，《清华管理评论》2021 年第 9 期。

陈劲：《探索共同富裕战略的企业创新范式》，《清华管理评论》

2021 年第 10 期。

陈劲、叶伟巍:《新时代中国式创新型国家理论的核心机理和关键特征》,《创新科技》2022 年第 1 期。

陈暮紫、秦玉莹、李楠:《跨区域知识流动和创新合作网络动态演化分析》,《科学学研究》2019 年第 12 期。

陈智国:《跨区域产业集群协同创新演化机理研究》,博士学位论文,首都经济贸易大学,2016 年。

程跃、唐敏:《跨区域合作创新网络协同绩效影响因素及治理模式研究》,《创新科技》2020 年第 11 期。

池仁勇等:《中低技术产业创新效率研究——基于我国大中型工业企业面板数据的实证》,《科技进步与对策》2014 年第 16 期。

崔岚:《基于演化博弈的中小企业开放式创新路径研究》,硕士学位论文,哈尔滨工业大学,2012 年。

范恒山:《中国区域协调发展研究》,商务印书馆 2012 年版。

范恒山:《十八大以来我国区域战略的创新发展》,《人民日报》2017 年 6 月 14 日。

范轶琳、姚明明、吴卫芬:《中国淘宝村包容性创新的模式与机理研究》,《农业经济问题》2018 年第 12 期。

方炜、王莉丽:《协同创新网络的研究现状与展望》,《科研管理》2018 年第 9 期。

高良谋、马文甲:《开放式创新:内涵、框架与中国情境》,《管理世界》2014 年第 6 期。

管浩:《焦点三:跨区域科技创新合作紧密　开放与合作,跨区域科技创新能力提升》,《华东科技》2020 年第 2 期。

郭荣朝:《襄樊市城市发展战略的背景分析》,《经济地理》2003

年第 1 期。

郭咏琳、周延风:《从外部帮扶到内生驱动:少数民族 BoP 实现包容性创新的案例研究》,《管理世界》2021 年第 4 期。

何晓清:《创新网络演化视角下的区域创新机制研究——以高技术产业和中低技术产业为例》,《研究与发展管理》2017 年第 1 期。

何郁冰:《产学研协同创新的理论模式》,《科学学研究》2012 年第 2 期。

洪银兴、安同良:《产学研协同创新研究》,人民出版社 2015 年版。

洪银兴:《围绕产业链部署创新链——论科技创新与产业创新的深度融合》,《经济理论与经济管理》2019 年第 8 期。

胡鞍钢:《党中央大战略大布局:"三个全面"与"三个中国"》,《中国高校社会科学》2014 年第 6 期。

胡丽华:《提升区域创新体系中的中小企业创新能力政策探析》,《辽宁省社会主义学院学报》2013 年第 4 期。

胡明晖:《中西部创新型城市建设研究:以河南为例》,《中原工学院学报》2015 年第 2 期。

黄海霞、陈劲:《创新生态系统的协同创新网络模式》,《技术经济》2016 年第 8 期。

黄速建、刘建丽:《当前中国区域创新体系的突出问题》,《人民论坛·学术前沿》2014 年第 17 期。

贾德普·普拉胡、吕文晶:《朴素式创新:印度对管理世界的独特贡献》,《清华管理评论》2016 年第 Z2 期。

江鸿、石云鸣:《共性技术创新的关键障碍及其应对——基于创新链的分析框架》,《经济与管理研究》2019 年第 5 期。

江剑、官建成:《中国中低技术产业创新效率分析》,《科学学研究》2008 年第 6 期。

李春成:《科技创新助力共同富裕的路径》,《中国科技论坛》2021 年第 10 期。

李国平:《京津冀地区科技创新一体化发展政策研究》,《经济与管理》2014 年第 6 期。

李猛:《马克思主义反贫困理论在中国的传承与创新》,《中共中央党校(国家行政学院)学报》2020 年第 4 期。

李燕鸿:《珠三角城市创新绩效研究——基于粤港澳大湾区国家战略背景》,《科技管理研究》2020 年第 1 期。

李哲、韩军徽:《中国技术开发类公共科研机构的建立、转制意义及模式》,《科学学研究》2019 年第 10 期。

刘芳芳、冯锋:《产学研跨区域合作现状及特征研究——基于社会网络视角》,《科学学与科学技术管理》2015 年第 8 期。

刘明:《面向创新型国家建设的中国创新政策研究》,博士学位论文,吉林大学,2020 年。

刘玉:《中国区域政策》,经济日报出版社 2007 年版。

柳学信、曹晓芳:《混合所有制改革态势及其取向观察》,《改革》2019 年第 1 期。

陆大道:《关于我国区域发展战略与方针的若干问题》,《经济地理》2009 年第 1 期。

陆铭、向宽虎:《破解效率与平衡的冲突——论中国的区域发展战略》,《经济社会体制比较》2014 年第 4 期。

陆卫明、王子宜:《新时代习近平关于共同富裕的重要论述及其时代价值》,《北京工业大学学报》(社会科学版)2022 年第 3 期。

罗捷茹:《产业联动的跨区域协调机制研究》,博士学位论文,兰州大学,2014 年。

吕海萍:《创新要素空间流动及其对区域创新绩效的影响研究——基于我国省域数据》,博士学位论文,浙江工业大学,2019 年。

穆红莉、王仕卿:《京津冀协同发展进程中河北省产业承接的特点研究》,《现代经济信息》2017 年第 5 期。

穆荣平、蔺洁:《2019 中国区域创新发展报告》,科学出版社2020 年版。

齐晓丽、刘琪:《京津冀跨区域技术创新合作网络演化实证研究》,《河北工业大学学报》(社会科学版)2019 年第 1 期。

曲伟等:《新一轮东北振兴的体制机制、区域合作与资源型城市转型》,《改革》2016 年第 9 期。

任思儒、李郇、陈婷婷:《改革开放以来粤港澳经济关系的回顾与展望》,《国际城市规划》2017 年第 3 期。

任志宽:《新型研发机构产学研合作模式及机制研究》,《中国科技论坛》2019 年第 10 期。

宋宏:《长三角创新一体化呼唤区域共同政策》,《安徽科技》2019 年第 11 期。

孙斌栋、郑燕:《我国区域发展战略的回顾、评价与启示》,《人文地理》2014 年第 5 期。

宋潇、张龙鹏:《成渝地区双城经济圈优质跨域合作创新的驱动逻辑——基于区域科技进步奖获奖数据的分析》,《中国科技论坛》2021 年第 10 期。

孙斌栋、郑燕:《我国区域发展战略的回顾、评价与启示》,《人文地理》2014 年第 5 期。

孙久文：《自主创新推动区域高质量发展：从战略到路径》，《人民论坛·学术前沿》2019 年第 13 期。

谭力文、丁靖坤：《二十一世纪以来战略管理理论的前沿与演进——基于 SMJ（2001—2012）文献的科学计量分析》，《南开管理评论》2014 年第 2 期。

王春杨：《中国区域创新差异的研究现状与展望》，《区域经济评论》2015 年第 5 期。

王海军、成佳、邹日菘：《产学研用协同创新的知识转移协调机制研究》，《科学学研究》2018 年第 7 期。

王华兰：《对当前促进中小企业发展的政策措施的几点思考》，《西南农业大学学报》（社会科学版）2013 年第 8 期。

王晶：《京津冀跨区域技术转移政策研究》，硕士学位论文，上海海洋大学，2020 年。

王雎：《开放式创新下的知识治理——基于认知视角的跨案例研究》，《南开管理评论》2009 年第 3 期。

王宁：《中国区域发展的新特征与新思路》，《区域经济评论》2019 年第 4 期。

王伟光、马胜利、姜博：《高技术产业创新驱动中低技术产业增长的影响因素研究》，《中国工业经济》2015 年第 3 期。

王业强、魏后凯：《"十三五"时期国家区域发展战略调整与应对》，《中国软科学》2015 年第 5 期。

王一鸣：《中低技术产业创新：我国乡村产业振兴的一个路径选择》，《科学管理研究》2019 年第 4 期。

魏后凯：《中国区域协调发展研究》，中国社会科学出版社 2012

年版。

魏后凯、年猛、李玏:《"十四五"时期中国区域发展战略与政策》,《中国工业经济》2020 年第 5 期。

魏后凯:《中国国家区域政策的调整与展望》,《西南民族大学学报》(人文社会科学版) 2008 年第 10 期。

文余源:《区域科技合作:推动京津冀协同发展研究》,经济管理出版社 2017 年版。

武义青:《京津冀协同发展的历史意义》,《光明日报》2019 年 8 月 19 日。

肖红军、阳镇:《平台企业社会责任:逻辑起点与实践范式》,《经济管理》2020 年第 4 期。

谢其军:《技术创新合作网络对滞后区域创新绩效的影响研究》,博士学位论文,中国科学技术大学,2018 年。

邢小强、彭瑞梅、仝允桓:《面向金字塔底层市场的产品创新》,《科学学研究》2015 年第 6 期。

邢小强、周江华、仝允桓:《包容性创新:概念、特征与关键成功因素》,《科学学研究》2013 年第 6 期。

徐姗、李容柔:《全球价值链地位的测度:方法评述及研究展望》,《科技管理研究》2020 年第 8 期。

许超:《略论我国中低技术产业发展的路径选择:兼评欧盟"低技术产业政策与创新"研究报告》,《山西科技》2011 年第 1 期。

许庆瑞、谢章澍、杨志蓉:《全面创新管理(TIM):以战略为主导的创新管理新范式》,《研究与发展管理》2004 年第 6 期。

许庆瑞、郑刚、陈劲:《全面创新管理:创新管理新范式初探——理论溯源与框架》,《管理学报》2006 年第 2 期。

许庆瑞、李杨、吴画斌：《企业创新能力提升的路径——基于海尔集团 1984—2017 年的纵向案例研究》，《科学学与科学技术管理》2018 年第 10 期。

许庆瑞：《全面创新管理——理论与实践》，科学出版社 2007 年版。

燕继荣：《反贫困与国家治理——中国"脱贫攻坚"的创新意义》，《管理世界》2020 年第 4 期。

阳镇、陈劲：《数智化时代下企业社会责任的创新与治理》，《上海财经大学学报》2020 年第 6 期。

杨超、黄群慧、贺俊：《中低技术产业集聚外部性、创新与企业绩效》，《科研管理》2020 年第 8 期。

杨荫凯：《我国区域发展战略演进与下一步选择》，《改革》2015 年第 5 期。

叶伟巍等：《协同创新的动态机制与激励政策——基于复杂系统理论视角》，《管理世界》2014 年第 6 期。

［意］罗伯托·维甘提：《第三种创新：设计驱动式创新如何缔造新的竞争法则》，中国人民大学出版社 2014 年版。

殷开达、陈劲：《"朴素式创新"范式中蕴含的中国传统朴素哲学思想》，《学习与探索》2015 年第 4 期。

尹西明、陈劲、海本禄：《新竞争环境下企业如何加快颠覆性技术突破？——基于整合式创新的理论视角》，《天津社会科学》2019 年第 5 期。

［英］伯特兰·罗素：《意义与真理的探究》，商务印书馆 2012 年版。

于今、科学发展观丛书编委会：《统筹区域协调发展》，党建读物出版社 2012 年版。

于良：《进一步完善产学研深度融合组织机制》，《中国科技论坛》2020 年第 7 期。

张杰、吉振霖、高德步：《中国创新链"国进民进"新格局的形成、障碍与突破路径》，《经济理论与经济管理》2017 年第 6 期。

张杰：《中国关键核心技术创新的机制体制障碍与改革突破方向》，《南通大学学报》（社会科学版）2020 年第 4 期。

张其仔、许明：《中国参与全球价值链与创新链、产业链的协同升级》，《改革》2020 年第 6 期。

张燕：《跨区域产学研合作平台建设研究——以上海高校与东莞市的产学研合作平台为例》，《中国高校科技》2018 年第 5 期。

张永亮：《"双循环"新发展格局：事关全局的系统性深层次变革》，《价格理论与实践》2020 年第 7 期。

中共中央文献研究室：《习近平关于科技创新论述摘编》，中央文献出版社 2016 年版。

中国社会科学院工业经济研究所课题组、张其仔：《"十四五"时期我国区域创新体系建设的重点任务和政策思路》，《经济管理》2020 年第 8 期。

中国社会科学院经济研究所课题组、黄群慧：《"十四五"时期我国所有制结构的变化趋势及优化政策研究》，《经济学动态》2020 年第 3 期。

周俊、薛求知：《双元型组织构建研究前沿探析》，《外国经济与管理》2009 年第 1 期。

周钰：《甘肃省中小企业公共服务体系建设优化研究》，硕士学位论文，兰州大学，2019 年。